The Power to Change
The World
The Welsh and Azusa Street Revivals

세계를 변화시키는 능력
웨일즈 부흥과 아주사 거리 부흥

THE POWER TO CHANGE
THE WORLD
THE WELSH AND AZUSA STREET REVIVALS

by Rick Joyner

Copyright ⓒ 2006 by Rick Joyner
Published by MorningStar Publications, Inc.
375 Star Light Drive, Fort Mill, SC 29715

Korean translation Copyright ⓒ 2007 by Pure Nard
2F 774-31, Yeoksam 2dong, Gangnam-gu, Seoul, Korea

The Korean edition is published by arrangement with MorningStar Publications, Inc.
All rights reserved.

본 제작물의 한국어판 저작권은 MorningStar Publications, Inc.와의 독점 계약으로
한국어 판권은 '순전한 나드'가 소유합니다.
저작권자의 허락 없이 이 책의 일부 또는 전체를 무단 복제, 전재, 발췌하면 저작권법에 의해 처벌을 받습니다.

세계를 변화시키는 능력

초판발행| 2006년 8월 10일
5쇄발행| 2015년 5월 1일

지 은 이| 릭 조이너
옮 긴 이| 김주성

펴 낸 이| 허철
인 쇄 소| 예원프린팅

펴 낸 곳| 도서출판 순전한 나드
등록번호| 제2010-000128
주   소| 서울 강남구 역삼2동 774-31 2층
도서문의| 02) 574-6702 / 010-6214-9129
편 집 실| 02) 574-9702
팩   스| 02) 574-9704
홈페이지| www.purenard.co.kr

Printed in Korea

ISBN 89-91455-51-4 03230

CONTENTS

목 차

1장. 그들은 하나님을 사랑했다	11
2장. 발단	36
3장. 불의 연료	43
4장. 길이 정해지다	51
5장. 불이 임하다	63
6장. 침묵주간	72
7장. 사역자들과 예배	80
8장. 그들은 기도하며 영혼을 구원했다	90
9장. 세계가 놀랐다	96
10장. 그들은 성령을 따랐다	113
11장. 한 민족이 거듭나다	120

세계를 변화시키는 능력

릭 조이너

12장. 씨앗	*129*
13장. 열기가 더해지다	*141*
14장. 영혼의 어둔 밤	*148*
15장. 불이 아주사에 떨어지다	*153*
16장. 모든 족속으로 제자를 삼아	*165*
17장. 부차적인 성공에 무너지다	*174*
18장. 음부의 권세가 이기지 못하리라	*179*
19장. 주의 영이 계신 곳에 자유함이 있느니라	*190*
20장. 성령의 원자력 시대	*199*
21장. 요 약	*214*

The Power to Change
THE WORLD
THE WELSH AND AZUSA STREET REVIVALS

1장
그들은 하나님을 사랑했다

당신은 지금부터 지난 2천 년의 세월 속에서 가장 감격적인 하나님의 행적들 가운데 두 가지를 읽게 될 것이다. 이 책은 역사상 가장 위대한 두 번의 부흥, 즉 1904년에 시작된 웨일즈 부흥과 1906년에 시작된 아주사 거리 부흥에 관한 이야기이다. 그 이야기들은 너무나 놀라운 것이어서 만약 1세기에 일어났더라면 틀림없이 사도행전에서 가장 중요한 사건으로 기록되었을 것이다.

두 번의 부흥에 관한 이야기들은 너무나 놀랄 만한 것이어서 오늘날 많은 그리스도인들조차도 실제 일어났던 사건들을 들을 때 정말로 그랬을까 하며 회의적인 반응을 보일 정도이다. 어떻게 영국제도(英國諸島)상에서 한 작은 공국에 불과한 웨일즈가 거의 2년 동안이나 세계적인 관심의 중심이 될 수 있었을까? 어떻게 아주사 거리에서 마구간을 개조하여 만든 선교회가 세계에서 가장 유명한 곳으로 여겨질 수 있었을까? 그렇지만 이 사건들이 심지어 전 세계의 일반 신문들과 잡지들에서까지 너무나 광범위하게 확증되었기 때문에 우리는 그것이 주님께서 자신의 삶을 그분에게 드리고자 하는 지극히 겸손한 사람들까지라도 사용하심으로써 그분의 능력을 나타내기 원하셨던 특별한 시기였다는 결론을 내려야 할 것이다.

이 두 번의 부흥은 머지않아 도래할 훨씬 더 거대한 하나님의 운동, 즉 주님께서 친히 "추수"라고 부르셨던 것으로, 마지막 시대에 도래하게 될(마태복음 13:39을 보라) 부흥의 맛보기에 불과한 것이었다. 이것이 바로 우리가 부흥에 대해 이해해야 하는 이유이다. 즉 단순히 위로를 받기 위함이 아니라 준비하기 위함이다. 하나님께서 다시 한 번 부흥을 일으키실 터인데, 이번에는 훨씬 더 큰 부흥이 될 것이다.

이 두 번의 특별한 하나님의 운동들이 시간적으로 2년도 채 안 되는 아주 가까운 시기에 일어났다는 것은 결코 우연이 아니었다. 당시에는 엄청난 거리였던, 거의 1만 마일에 가까운 거리가 떨어져 있긴 했지만 그 두 운동 사이에는 상호 연결고리가 존재했었다. 믿음과 사랑이 함께 만날 때처럼 어떤 원리들이 함께 결합될 경우 서로 독립적으로 존재할 때보다 훨씬 더 큰 능력을 발휘하게 되는데, 서로 다른 강조점을 가진 서로 다른 하나님의 운동들이 함께 결합될 경우에도 개별적인 부흥운동의 능력을 배가시킬 수 있다. 그것이 바로 이 두 부흥운동의 경우에 일어난 일이다. 마찬가지로, 이 두 부흥운동을 함께 이야기하는 것이 둘 중 어느 하나를 개별적으로 이야기하는 것보다 훨씬 더 강력한 효과가 있을 것으로 보인다.

이 두 번의 부흥운동이 여러 가지 면에서 서로 비슷했고 심지어 어느 하나가 다른 하나의 연장선상에서 그것을 완성한 것으로 간주될 수도 있겠지만, 그럼에도 불구하고 몇 가지 근본적인 면에서는 서로 차이가 있기도 했는데, 우리에게는 바로 그 점을 이해하는 것이 중요하다. 그 둘 간의 유사점과 차이점 모두에는, 진정한 하나님의 운동을 보기 원하고 거기에 뛰어들기를 간절히 원하는 사람이라면 누구든지 배워야 할 심오하고 중요한 교훈들이 포함되어 있다.

하나님께서 움직이셨다

하나님의 운동이란 그 말 그대로 하나님이 움직이시는 것이다. 성경에서 성령을 가장 먼저 언급하고 있는 대목에서도 그분은 움직이고 계신다(창세기 1:2을 보라). 그것은 그분의 근본적인 속성이며, 그분은 변하지 않으신다. 성령의 인도하심을 받는 자들 역시 움직이면서 어딘가로 가고 있으며 항상 목적과 운명에 초점을 맞추고 있다.

성령께서 움직이실 때는 일련의 결과들이 생겨나지 않을 수 없는데, 그런 결과들은 마구잡이식으로 생겨나는 것이 아니다. 성령님은 움직이시면서 쓸데없이 에너지를 허비하시지 않는다. 그분이 움직이시면서 영광스런 땅의 창조를 이루어내셨던 태초의 시기와 마찬가지로 지금도 그분은 영광스런 새 창조를 이루어내시기 위해 움직이고 계신다. 영광스런 새 창조란 인간을 다시 그분의 형상으로 만드시는 것이다. 성령께서 그분의 위대한 목적을 위해 사용하는 자들은 가장 위대한 모험 속으로, 그리고 이땅에서 누릴 수 있는 가장 흥미진진하고 성취감있는 삶 속으로 휩쓸려 들어가고 있다. 그러나 우리가 준비되어 있지 못하다면 가장 끔찍한 비극으로 치달을 수도 있다. 그 큰 심판날에, 우리의 목적을 성취하지 못한 것으로 인해 왕되신 그분으로부터 그 무엇보다 더 멋진 칭찬인 "잘 하였도다, 착하고 충성된 종아!"(마태복음 25:21)라는 말을 듣지 못하는 것보다 더 후회스런 일은 없을 것이다.

땅이 흔들릴 것이다

우리가 지금 연구하려고 하는 두 번의 부흥운동에 의해 온 세상이 흔들렸는데, 우리는 어떻게, 왜 그런 일이 일어났는지 이해할 필요가 있다. 하나님께서 움직이시면 그분이 시내산에 강림하셨을 때와 마찬가지로 땅이 흔들릴 것이다. 하나님의 운동이 크면 클수록 그로 인해 일어나게 될 흔들림도 그만큼 더 클 것이다.

땅이 진동할 때 사람들은 두려워하게 될 것이며 심지어 편집증적인 증상까지도 보이게 될 것인데, 그런 일은 하나님을 진실하게 찾는 자들에게도 일어날 수 있다. 그렇기 때문에, 여호와께서 시내산에 강림하신 후 이스라엘 백성은 모세에게 찾아와 다시는 그런 두려움을 겪지 않도록 그들을 위해 중보기도해 달라고 요청하였다. 하나님 가까이 머무는 것보다 더 가슴 벅차고 더 놀라운 일은 그 어떤 것도 없을 것이다. 그분은 두려우신 하나님이다. 부흥은 매우 엄숙한 문제로서, 영적인 놀이공원에 들어가는 것이 아니라 가장 위대한 왕의 임재 속으로 들어가는 일이다.

우리가 준비태세를 갖출 수 있는 방법들 중 하나는 하나님께서 움직이시면 땅은 진동하게 되어 있다는 사실을 이해하는 것이다. 모든 시대를 통틀어 가장 위대한 하나님의 운동이 우리에게 임박했다는 사실은 가장 큰 희망인 동시에 가장 냉정한 경고이기도 하다. 그것은 히브리서 12:18-29에 언급된 내용과 같다:

너희의 이른 곳은 만질만한 불 붙는 산과 흑운과 흑암과 폭풍과 나팔 소리와 말하는 소리가 아니라 그 소리를 듣는 자들은 더 말씀하지 아니하시기를 구하였으니 이는 짐승이라도 산에 이르거든 돌로 침을 당하리라 하신 명을 저희가 견디지 못함이라

그 보이는 바가 이렇듯이 무섭기로 모세도 이르되 내가 심히 두렵고 떨린다 하였으나 그러나 너희가 이른 곳은 시온산과 살아 계신 하나님의 도성인 하늘의 예루살렘과 천만 천사와 하늘에 기록한 장자들의 총회와 교회와 만민의 심판자이신 하나님과 및 온전케 된 의인의 영들과 새 언약의 중보이신 예수와 및 아벨의 피보다 더 낫게 말하는 뿌린 피니라 너희는 삼가 말하신 자를 거역하지 말라 땅에서 경고하신 자를 거역한 저희가 피하지 못하였거든 하물며 하늘로 좇아 경고하신 자를 배반하는 우리일까 보냐

그 때에는 그 소리가 땅을 진동하였거니와 이제는 약속하여 가라 사대 내가 또 한 번 땅만 아니라 하늘도 진동하리라 하셨느니라 이 또 한 번이라 하심은 진동치 아니하는 것을 영존케 하기 위하여 진동할 것들 곧 만든 것들의 변동 될 것을 나타내심이니라 그러므로 우리가 진동치 못할 나라를 받았은즉 은혜를 받자 이로 말미암아 경건함과 두려움으로 하나님을 기쁘시게 섬길지니 우리 하나님은 소멸하는 불이심이니라

진정한 부흥은 거룩하고 두려운 것이다. 그렇지만 좋은 두려움이 있고 나쁜 두려움이 있는데, 부흥은 분명 좋은 두려움이다. 만약 우리가 하나님에 대한 참되고 순전하고 거룩한 두려움을 기꺼이 붙잡으려고 한다면 이 땅에서 그 밖의 다른 어떤 것도 두려워할 필요가 없게 될 것이다. 하나님에 대한 좋은 두려움, 즉 거룩한 두려움은 실로 참된 믿음의 기초이다. 이 점에 있어서, 우리는 하나님의 모든 운동에는 원수가 있다는 것과 우리를 대적하는 원수의 주된 무기가 악한 두려움이라는 것을 이해해야 한다. 다가오는 시대에는 두려움과 믿음의 충돌이 점점 증가될 것이다.

미성숙하고 경험이 부족한 신자들이나 불안정한 신자들은 하나님을 두려워한다는 개념을 희석시키려고 하는 경향이 종종 있다. 어떤 현대어 성경 번역본들은 심지어 하나님에 대해 언급하면서 두려움이란 말 대신 "존중"(respect)이란 단어를 사용하기까지 한다. 그렇지만 성경이나 역사 속에서 실제로 주님을 대면한 사람은 누구든지 그런

대면을 묘사하기 위해 두려움이란 단어보다 훨씬 더 강력한 단어까지라도 동원하려고 했던 것이 사실이다. 주님의 제자들 중 가장 주님과 친밀한 제자였고 사도로서 그 어느 누구보다 더 오래 살았던 사도 요한조차도 생애 마지막에 이르렀을 무렵 계시를 받고 주 예수님을 보았을 때 땅에 엎드려져 죽은 사람과 같이 되었다. 그것은 단순한 존중(respect)을 훨씬 뛰어넘는 것이었다!

주님은 우리를 지극히 사랑하시는 아버지로서, 우리를 너무나 사랑하신 나머지 우리를 위한 대속제물이 되시도록 독생자를 보내주시기까지 하셨다. 그분은 애정이 많으신 분으로, 지상의 어떤 아버지보다 더 자녀들을 사랑하신다. 하지만 그분은 여전히 하나님이시며 우리는 결코 그 사실을 잊어서는 안 된다! 사도 요한은 예수님과 친밀했지만 유다는 단순히 익히 아는 사이에 불과했다. 그는 예수님을 너무나 잘 알아서 이따금씩 만왕의 왕과 같은 잔에 자신의 빵을 담그기까지 하곤 했다. 하나님을 익히 안다는 사실에 기반을 둔 그런 주제넘은 태도는 다가오는 시대에 점점 더 치명적인 것으로 드러날 것이다. 하나님의 운동은 어떤 것이든지 우리가 체험할 수 있는 가장 놀라운 경험일 뿐만 아니라 우리가 참여할 수 있는 가장 엄숙한 일이 될 것이다.

평생의 여정

역사상 진정한 하나님의 운동은 모두 교회에 강한 충격을 주었으며, 적어도 어느 정도는 교회 전체에 변화를 초래했다. 다가오는 부흥운동은 교회가 지금껏 경험했던 변화 가운데 가장 급격한 변화를 초래할 것이며 그 속도에 있어서도 과거 어느 때보다 더 빠른 속도로 진행될 것이다. 지난 5세기에 이루어진 것보다 훨씬 더 많은 것들이 다음 몇 십 년 사이에 성취될 것이다. 우리는 준비되어 있는가? 늘 그렇듯이, 그것을 기대하며 가장 기뻐하는 자들, 특히 자신이 바라보는 방식으로 하나님께서 모든 것을 바라보신다고 대담하게 주장하는 자들이 가장 깊은 영향을 받곤 한다.

진정한 부흥이 일어날 때 종종 큰 지진이 발생하며 때로는 한 차례 이상의 지진이 발생한다는 것은 결코 우연이 아니다. 세계의 역사는 지금 그런 부흥운동의 시기에 일어난 지진들에 관심을 기울이고 있지만 지진들은 사실 주님께서 당시에 움직이고 계신 결과로 발생한 것이었다. 오늘날의 사람들은 그런 견해에 짜증을 낼지 모르지만 그런 부흥운동들은 실제로 당시 세계 언론에서 심지어 샌 프란시스코 지진보다도 더 큰 뉴스거리였다.

지진들과 마찬가지로, 그 두 번의 큰 부흥운동은 거의 아무런 경고도 없이 터져나왔다. 그 두 번의 부흥은 서로 다른 방향에서 시작되긴 했지만 두 개의 쓰나미(tsunamis)처럼 일어나 각각 전 세계를 뒤흔들어 놓았다.

그 두 번의 부흥운동은 다른 어떤 하나님의 운동과 다르게 전 세계의 교회에 심대한 충격과 변화를 가져다주었다. 그 부흥운동들의 연합된 힘으로 인해 교회는 거의 아무도 예상하거나 준비되어 있지 못했던 미래를 향해 달려갈 수 있게 되었다. 그로 인해 교회 안에는 1세기 이후로 가장 큰 성장과 영적 진보와 싸움이 생겨나게 되었다. 그 두 부흥운동의 충격이 너무나 강력했기 때문에 그 부흥운동들을 이해하지 못한다면 현대 교회를 이해할 수도 없고 현대 교회가 어디로 향하고 있는지 전혀 분별할 수도 없다.

그 두 번의 강력한 부흥운동이 시간적으로 그토록 가까운 시기에 일어났다는 사실로 인해 각각의 부흥운동이 끼친 충격은 한층 배가 되었다. 두 번의 부흥운동은 종교개혁 이후로, 혹자의 견해에 따르면 1세기 이후로 가장 놀라운 교회생활의 변화를 야기시켰다. 그렇지만 그 충격이 엄청나게 큰 것이긴 했지만 그 부흥운동들은 교회 가운데 충만한 목적을 풀어놓지는 못했다. 그 부흥운동들은 주 예수님과 바울이 한결같이 예언한 것처럼 "산고의 시작"(마태복음 24:8, 데살로니가전서 5:3을 보라)에 불과한 것이었다. 그 이후로 또 다른 거대한 영적 해산을 위한 수축작용들이 있어 왔으며 각각의 수축작용들은 교회를 장차 땅에 임할 거대한 하나님의 운동들, 즉 천국의 능력으로 천국 복음을 확산시키는 운동들 가운데 가장 큰 운동을 향해 힘차게 움직여가게 하는 데 도움이 되었다.

파도의 환상

하나님의 운동들은 흔히 바다의 파도처럼 움직이기 때문에 교회 역사가들에 의해 종종 "성령의 파도"라고 불린다. 마찬가지로, 성령의 파도를 붙잡아 타는 것 또한 파도타기와 같을 수 있다. 파도타기를 하기 위해서는 파도의 경향을 분별하고 파도들이 어디에서 부서지는지를 알아야 한다. 그런 다음에 파도를 붙잡아 타기 위해서는 정확한 위치에 자리를 잡고 정확한 시간에 정확한 방향으로 움직이기 시작해야 한다. 성령의 파도를 붙잡는 데에도 그와 똑같은 일이 요구된다.

1992년 5월 11일에 나는 어떤 예언적인 경험을 하게 되었는데, 그 경험 속에서 나는 교회가 짧은 서핑보드를 타고 떠내려가고 있는 서퍼(surfer) 같은 모습을 보았다. 그는 해변을 응시한 채 나른하게 떠내려가면서 큰 파도를 꿈꾸고 있었다. 그 서퍼가 떠내려가고 있는 동안, 그가 꿈꾸고 있던 바로 그 파도가 점점 더 가까이 다가오고 있었지만 그는 알아차리지 못했다. 나는 그가 빨리 깨어나서 주변을 돌아보지 않으면 그 파도가 그를 덮쳐버릴 것임을 알았다. 그 결과는 유연한 파도타기가 아니라 다소 심각한 문제가 될 것 같았다! 내가 또 알아차린 것은, 그의 서핑보드가 다가오고 있는 거대한 파도에 비하면 터무니없이 작다는 것이었다.

그 서퍼가 졸고 있었기 때문에 그 자신이 꿈꿨던 바로 그 파도가 그를 심각한 위험에 빠뜨린 것이다. 그가 파도 소리를 듣고 파도를 보려고 몸을 돌렸을 때는 너무 늦어버렸다. 그가 마음으로 갈망해왔던 바로 그것이 공포가 되어버렸다. 파도가 다가왔을 때 그는 파도를 인식할 만큼 깨어 있지 못했기 때문에 결국 아무런 준비도 갖추지 못한 상태였다. 파도는 그 서퍼를 계속해서 뒤집어 버렸고 여러 번 그를 바닥에 내동댕이쳤으며 그의 서핑보드를 박살내 버렸다. 나는 그가 살았을까 염려되었지만 그는 많은 상처와 타박상을 입었을 뿐 아니라 뼈가 몇 개 부러지고도 살아남았다.

나는 그 서퍼가 엄청난 고통 가운데서 해변에 누워있는 모습을 지켜보았다. 이내 죽음의 공포는 사라지고 깊은 지혜가 그 자리를 채웠다. 그는 다시 한 번 바다를 바라보았다. 그는 비록 너무나 심각한 상처와 고통을 입은 나머지 거의 움직일 수조차 없었음에도 불구하고, 엄청난 결단과 기품이 그에게 임했다. 나는 그가 다시 파도를 타기 위해 돌아올 것임을 알았다.

그런 다음 나는 그 서퍼가 바다가 내려다보이는 방이 있는 병원에 있는 것을 보았다. 그는 여전히 바다를 내다보고 있었지만 이번에는 그가 꿈꾸는 것이 아니라 계획을 세우고 있다는 것을 알 수 있었다. 그 후에 나는 그가 완전히 치유되었을 뿐만 아니라 과거보다 훨씬 더 멋진 모습으로 해변에 서 있는 것을 보았다. 그 옆에는 내가 여태까지 본 것 중에서 가장 큰 서핑보드가 놓여 있었다. 그는 큰 파도를 잡으려 하고 있었으며 이미 그렇게 할 준비가 되어 있었다.

바다는 고요했지만, 나는 가장 큰 파도가 이미 수평선 너머에서 움직이기 시작했다는 것을 알았다. 그리고 그 서퍼도 그 사실을 알았다. 그것은 누구나 느낄 수 있는 것이었다. 그 서퍼는 이번에는 그 파도를 탈 준비가 되어 있었지만 나는 두려움이 그 사람 안에서 일어나는 것도 보았다. 나는 그가 그 두려움을 재빨리 떨쳐버리고 움직이지 않는다면 정확한 시간에 서핑보드를 움직여갈 수 없을 것이고 그 결과 또 다시 큰 파도를 놓쳐버릴 것임을 알았다.

그 후에 주위를 둘러보았을 때 나는 프로 보디빌더(bodybuilders)처럼 보이는 많은 다른 서퍼들이 해변 전역에 서 있는 것을 보았다. 그들 모두는 처음의 서퍼가 이전에 가지고 있던 것과 동일한 짧은 서핑보드를 가지고 있었다. 그 보디빌더들은 사실 파도에는 전혀 관심이 없고 멋진 몸매를 과시하는 데에만 관심이 있는 것처럼 보였다. 하지만 그들의 몸은 사실 어느 누구에게나 괴상망측하게 보였다. 그런 사실을 모르는 사람은 오직 그들 자신뿐이었다. 나는 또한 그들의 크고 튀어나온 근육이 진짜 서퍼의 근육만큼 튼튼하지 못하다는 것도 알았다. 진짜 서퍼의 근육은 보다 더 자연스러워보였다. 그 환상은 거기에서 끝났다.

해석

여러 가지 면에서 이 환상의 해석은 분명하다. 교회 역사상 이전의 대각성운동이나 부흥운동에서 성령의 움직이심을 기대하고 있던 사람은 극히 드물었다. 거의 모든 대각성운동이나 부흥운동에서, 현존하는 교회들과 사역단체들은 그 운동에 준비되어 있지 못했기 때문에 피해를 입었다. 그들 중에는 생존하기 위해 어쩔 수 없이 성령의 파도에 맞서 싸우며 부흥운동에 저항해야만 하는 단체들도 있었다.

그와는 대조적으로, 오늘날에는 임박한 부흥에 대한 기대감이 거의 일반화되어 있는 것처럼 보인다. 하지만 실제로 부흥에 대비하기 위해 취해진 행동이나 조치는 거의 없었다. 부흥이 다가오고 있다는 것을 안다 하더라도 많은 사람들이 부흥에 대비하기보다는 단순히 부흥을 꿈꾸는 데 더 많은 시간을 보내고 있다. 다가오는 성령의 실제적인 파도는 우리가 꿈꿔온 것보다 더 크지만 부흥을 위해 깨어있는 것이 아니라 꿈만 꾸고 있기 때문에 지금 많은 사람들이 심각한 위험에 처해 있다.

처음의 서핑보드가 이미 지나간 큰 파도는 고사하고 상당한 크기의 파도도 감당할 수 없을 만큼 작고 부적당했다는 것은 현존하는 매체, 즉 교회의 활동과 사역이 부적당하다는 것을 의미한다. 그 서퍼가 제때에 파도를 보았다 하더라도 그렇게 작은 서핑보드로는 그 파도를 탈 수 없었을 것이라고 느껴졌다. 그는 재빨리 해변으로 노를 저어 돌아오든지 아니면 파도가 부서지는 지점 너머까지 나가서 그 파도가 지나가기만을 기다려야 했을 것이다.

1992년에 내가 이 환상을 받은 이후로, 세계의 많은 지역들이 역사상 지금까지 가장 거대한 하나님의 운동을 경험해왔다. 그것은 많은 나라들과 대륙들에서 놀랄 만한 충격을 가져다주었다. 그렇지만 그와 같은 하나님의 운동을 갈망하며 기도해왔던 교회들 가운데 많은 교회들이 준비되어 있지 못했던 그 서퍼처럼 여러 가지 면에서 많은 고통을 겪은 것처럼 보인다. 마찬가지로, 엄청난 어획량을 감당하기에는 그물들이 역부족이었으며, 풍성한 열매가 맺혔을지라도 그 중 많은 부분이 불필요하게 유실되었다.

뿐만 아니라 나는 지난 수십 년에 걸쳐 세계의 다른 지역들처럼 하나님의 거대한 운동을 경험해보지 못한 지역들, 특히 유럽과 북아메리카가 이제 곧 그런 놀라운 하나님의 운동을 경험하게 될 것이라고 믿는다. 그 서퍼처럼, 서구의 현 교회는 임박한 성령의 운동으로부터 상당한 아픔과 뼈아픈 교훈 이상의 어떤 것도 얻지 못할 위험에 처해 있다. 비록 교회가 다가오는 추수에 관해 주님의 음성을 들어오고 있었다 하더라도, 우리는 그분의 말씀에 따라 행하는 가운데 다가오는 추수에 대비하기 위한 실제적인 단계를 밟아오지 않은 것이 사실이다.

그렇다 하더라도, 그런 아픔은 즉각적으로 다음의 파도에 대비하고 그 파도에 올라타기 위해 적절한 서핑보드를 준비하려는 지혜와 결심을 가져다줄 것이다. 우리가 임박한 파도로 인한 손해들을 복구하며 보내는 시간은 다음의 파도에 대비하여 계획을 수립하는 데 사용되어야 한다. 그런 다음 우리가 세운 계획들은 행동으로 옮겨져야 한다.

다가오는 파도에 올라타려면 우리는 또한 지금보다 훨씬 더 강해져야만 할 것이다. 힘은 운동(exercising)으로부터 나온다. 그 서퍼가 해변에 돌아왔을 때는 보디빌더의 체격을 가지고 있었는데, 그것은 단순히 과시하기 위한 것이 아니라 실제적인 힘을 기르기 위해 단련한 몸이었다. 모든 근육이 완벽하게 형성되어 있었고 힘이 넘쳤다.

그리스도의 몸도 그와 같은 체격으로 준비되어야 한다. 하지만 그것은 단순히 과시하기 위한 것이 아니라 실제적인 힘이 넘치는 상태가 되어야 한다. 모든 근육과 모든 수족, 혹은 몸의 모든 각 부분들이 적절한 운동을 통해 힘이 넘치는 상태가 되어야 한다. 수십 년 동안 우리는 에베소서 4장, 즉 섬김의 일을 할 수 있도록 성도를 준비시키는 것과 관련된 말씀을 설교해왔는데, 이제는 우리가 그 일을 실제로 시작해야 할 때가 되었다.

성도를 훈련하고 준비시킬 것을 강조하는 에베소서 4장의 말씀이 다시 한 번 주목을 받기 시작할 것이다. 우리는 많은 사람들이 단지 과시하려는 목적으로 그런 "영적 보디빌딩"에 뛰어들게 될 것이라고 예상할 수 있다. 그들은 실제로 다음에 밀려 올 성령의 운동에 대비하기보다는 서로에게 강한 인상을 심어주는 일에 주력하게 될 것이다. 그들은 바다에서 벌어질 일에 대처하는 데 필요한 적절한 장비도 갖추지 못할뿐더러 장차 바다에서 어떤 일이 벌어질지도 깨닫지 못할 것이다. 우리는 서로에게 어떻게 보이는가에 관심을 기울이지 말고 하나님 앞에서 어떻게 보이는가에 관심을 기울여야 한다.

적용

자신을 과시하려는 목적으로 회중을 세우는 자들은 사실 기괴한 모습을 띠게 될 것이며 성령의 파도에 올라타는 데 필요한 적절한 기술을 습득하지 못할 것이다. 그런 자들은 대부분 파도가 다가왔을 때 물속에도 들어가지 못할 뿐 아니라 합당한 자리에 있지도 못하게 될 것이다. 왜냐하면 그들이 서로에게 강한 인상을 심어주는 데 훨씬 더 많은 관심을 기울이고 있기 때문이다.

첫 번째 파도에 심각한 상처를 입은 바 있는 서퍼가 다음의 파도에 올라타기 위해 합당한 준비를 갖추고 적절한 크기의 서핑보드를 구비했다 할지라도 원수는 이전의 파도로부터 받은 부정적인 경험을 이용하여 그를 두려움으로 쓰러뜨리려 했다. 두려움에 사로잡히기만 한다면 그는 자신이 준비한 그 어떤 일도 성취할 수 없게 되기 때문이다. 만약 우리가 물속에 다시 뛰어 들어가서 두려움이 아니라 믿음으로 걷는 일에 전적으로 헌신하지 않는다면 우리의 모든 준비와 노력은 허사로 돌아가고 말 것이다. 파도를 잡기 위해서 우리는:

1. 충분한 훈련을 받아야 하고 적절한 컨디션을 유지해야 한다.
2. 적절한 서핑보드(매체나 사역)를 구비해야 한다.
3. 적절한 위치에 자리를 잡고 있어야 한다(파도가 어디에서 부서질 것인지 분별한 다음 그곳으로 가는 것).
4. 적절한 때가 되면 파도와 함께 올바른 방향으로 움직일 수 있도록 계속해서 주시해야 한다.
5. 파도가 부서질 때 주저하지 않고 행동할-서핑보드에 올라가 파도를 탈-준비가 되어 있어야 한다.

비록 교회가 전 세계적으로 지난 수십 년에 걸쳐 주목할 만한 각성(awakenings)과 부흥, 그리고 커다란 영혼의 추수를 경험해 왔다 하더라도, 가장 큰 사건은 아직 다가오지 않았다. 우리는 분명 그런 사건들로부터 여러 가지 교훈을 배워야 한다. 그렇지만 뒤를 돌아보기보다는 앞을 내다보는 것이 더 중요하다. 그렇기 때문에 나는 이 위대한 웨일즈와 아주사 거리 부흥의 이야기들을 함께 묶어 미래에 대한 예언적 비전으로 끌어갈 것이다.

마태복음 13:30에서 보듯이, 추수는 가라지로부터 시작된다. 교회내의 잘못과 죄악에 대한 많은 계시들은 사실 곧 시작될 추수를 위해 교회를 준비시키기 위한 성령의 역사였다. 당대의 마지막 거대한 추수가 시작되기 전에 교회내에서 뽑혀나가야 할 많은 가라지들이 있고 심지어 거치는 돌들까지도 존재하고 있다.

나에게 다가오는 추수를 보여주실 때마다 주님은 그것을 두 개의 큰 파도로 보여주셨다. 다가오는 파도가 두 개 이상이 될 수도 있지만 나는 적어도 두 개의 파도가 다가올 것임을 안다. 내가 종종 언급했듯이, 첫 번째 파도가 너무나 거대한 나머지 거의 모든 사람이 그것이 실제로 마지막 시대에 있는 대추수라고 믿을 것이다. 그렇지만 그 이후에 훨씬 더 거대한 또 다른 파도가 적어도 하나 이상 밀려올 것이다. 첫 번째 파도에 의해 나타날, 혹은 이미 나타난 수백만 명의 새로운 신자들은 모두 다 두 번째 파도에서는 일꾼이 되도록 부르심을 받게 될 것이다. 그 사람들은 보다 더 큰 파도에 대비하여 적절한 장비와 준비를 갖춰야 한다.

우리는 성도들에게 사역의 일을 수행하는 데 필요한 장비를 구비시키라는 에베소서 4장의 명령을 성취해야 한다. 전형적인 지역 교회의 현재 구조는 성경적인 모습이라기보다는 관객을 동원하는 스포츠에 가까운 모습을 띠고 있어 소수의 사람들이 모든 일을 수행하고 나머지는 그저 응원만 하는 데서 그치고 있기 때문에 그리 오래 견디지 못할 것이다. 다가오는 성령의 파도는 진정한 신약교회 사역의 기본적인 명령을 성취하지 못한 자들을 심각하게 손상시키거나 완전히 무너뜨려버릴 것이다. 교회에게 닥칠 첫 번째 부흥의 파도는 시간을 지혜롭게 사용하면서 성도들에게 사역의 일을 수행하는 데 필요한 장비를 구비시켜온 교회들에게만 축복이 될 것이다. 실제로 이 파도는 사람들에게 적절한 장비를 갖춰주지 않았거나 대비하기보다는 꿈꾸는 데 더 많은 시간을 보내버린 모든 사역단체에게는 심판이 될 것이다.

파도타기가 사람을 가장 무서운 약탈자(상어)의 사정권 안에 노출시킴으로 인해 가장 안전하지 않은 스포츠인 것처럼, 부흥의 파도를 타는 것 또한 겁 많은 자들을 위한 것이 아니다. 그것은 진정한 기독교가 겁 많은 자들을 위한 것이 아닌 것과 마찬가지다. 믿음이 아니라 두려움의 지배를 받는 자들은 곧 발견될 것이며, 그들은 장차 지구상에 임할 하나님의 가장 거대한 운동에 참여하지 못할 것이다.

상어들과 마찬가지로, 마귀와 그의 앞잡이들은 하나님의 운동에 몰려들어 할 수 있는 한 누구라도 낚아채려고 할 것이다. 그래서 나머지 사람들까지도 그 운동에서 멀리 쫓아내려고 할 것이다. 왜 주님께서 그런 일을 허락하시는가? 왜냐하면 두려워하고 겁 많은 사람들이 주위에 많으면 진정한 영적 진보는 결코 멀리 갈 수 없기 때문이다. 진정한 부흥에 참여하는 데에는 가장 큰 믿음과 용기가 필요하다. 두려움이 아니라 믿음으로 행하며 성령의 인도하심을 받는 자들에게는 성령의 도움을 통한 잠깐의 파도타기 경험이라 할지라도 모든 것을 걸 만한 가치가 있는 것이다. 기꺼이 모험을 감수하려고 하지 않는 자들은 부흥에 합당한 자들이 아니다.

부흥이란 무엇인가?

나에게는 "부흥"이란 단어를 좋아하지 않는 친구들이 있지만 나는 그 단어가 1세기 이후로 일어난 모든 하나님의 운동을 묘사하기에 적합한 것이라고 생각한다. 우리가 새로운 하나님의 운동이라고 부르는 것은 거의 항상 1세기 이후로 교회가 상실해버렸던 것을 회복하는 것이다. 각각의 부흥은 부활시켜야 할 필요가 있을 정도로 죽어 있는 상태는 아니더라도 최소한 잠들어 있던 것을 되살리는 것이다. 그렇지만 우리가 추구하는 것은 도대체 무엇인가?

주님은 항상 우리와 함께 계시며 심지어 두 사람만 모여도 항상 우리와 함께 계실 것이다. 그렇긴 하지만 그것과 "주님의 뚜렷한 임재" 사이에는 큰 차이가 있다. 모세의 삶은 주님의 뚜렷한 임재가 우리를 어떻게 변화시킬 수 있는지를 보여주는 좋은 본보기이다. 그는 80세의 나이였으며, 지난 40년의 세월을 당시 가장 천한 직업이었던 목자로 보내버린 상태였다. 그는 아마도 자신을 포함해서 모든 사람들에 의해 완전히 쓸모없고 다 끝난 인생으로 간주되었을 것이다! 그렇지만 주님의 뚜렷한 임재와의 한 번의 대면이 그 쓸모없는 노인을 한 민족을 구원하는 영적 거인으로 변화시켜 놓았다.

성경 전체를 통틀어, 우리는 하나님과의 이런 만남들이 다른 어떤 것으로도 불가능한 변화의 역사를 일으키는 것을 본다. 웨일즈 부흥과 아주사 거리 부흥은 둘 다 아마도 사도행전이 쓰여 진 이후로 지구상에 가장 위대한 하나님의 사람들을 변화시켜 풀어놓은 하나님과의 대면 사건이었다. 교회 역사 전체를 통해서, 우리는 가장 미약하게 뚫고 들어온 주님의 임재라도 부흥의 불을 붙여 교회에 변화를 가져왔을 뿐 아니라 사회 전체에까지 충격파를 내보냈다는 것을 안다. 그의 임재의 나타나심이 크면 클수록 그만큼 부흥도 더 강력해진다. 그로 인해 일어나는 변화가 더 심대하면 심대할수록 그만큼 충격파도 더 강력해진다.

몇몇 교회 역사가들은 교회 변화의 원인을 과거에 상실해 버렸거나 간과 되었던 성경적 진리들이 조명되는 데서 주로 찾는다. 이런 관점에도 약간의 장점이 있다. 우리를 자유케 하는 것은 진리이기 때문이다. 그렇지만 진리되신 그분은 인격이시다. 진정한 마음의 변화를 위해 필요한 것은 어떤 개념과의 만남이 아니라 하나님과의 만남이다. 사실(Facts)은 생각을 바꿀 수 있지만 주님의 뚜렷한 임재는 마음과 생각을 변화시킨다. 진리와 인격이신 예수 그리스도를 찾아야 한다는 이 궁극적인 계시가 임할 때에야 비로소 진정한 부흥이 일어난다.

그럴지라도 우리는 모든 진리, 특히 성경의 진리와 건실한 교리를 사랑하지 않고는 진리되신 그분을 사랑할 수 없다. 앞에서 논의했듯이, 진리와 사랑과 같은 것들이 서로 결합되면 각각의 능력을 배가시킬 수 있다. 안디옥에서처럼 선지자들과 교사들이 함께 예배하는 법을 배울 때, 주님은 지구상에 다시 한 번 진정한 사도적 권위를 풀어놓으실 것이다.

주님께서 마태복음 22:29에서 경고하셨듯이, 우리는 성경과 하나님의 능력을 알지 못하기 때문에 잘못된 길로 빠진다. 어떤 사람은 성경을 알지만 그의 능력을 알지 못하기 때문에 잘못된 길로 빠진다. 그리고 그의 능력을 아는 자들은 성경을 알지 못하기 때문에 잘못된 길로 빠지는 경향이 있다. 우리에게는 둘 다 필요하다. 그리고 마지막때에 있을 추수, 즉 모든 하나님의 운동 중 가장 거대한 추수는 그 둘이 결합된 결과가 될 것이다.

그렇지만 우리가 하나님을 더 사랑하지 않는 상태에서 성경을 사랑한다면 성경조차도 하나님을 향한 우리의 사랑을 가리는 우상이 될 수 있다. 만약 우리가 하나님을 사랑하는 것보다 하나님의 능력을 더 사랑한다면 그와 마찬가지로 능력을 우상으로 숭배하는 오류에 빠질 것이다. 다시 말하건대, 우리에게는 그 둘 사이의 적절한 균형이 필요하다. 그럴지라도 주님의 뚜렷한 임재 속에서의 한 순간이 수년 간의 가르침과 설교보다 더 사람을 놀랍게 변화시킬 수 있다. 이것은 가르침과 설교의 필요성을 부정하기 위함이 아니다. 그것들 자체는 하나님께서 우리에게 주신 가장 커다란 선물이다. 하지만 그것들은 건물의 골격에 불과할 뿐 건물은 주님 자신이시다. 우리는 그분에게로 자라가기를 추구해야 한다.

하나님이 그 안에 계시지 않는다면 가장 영광스런 성전이라도 무슨 소용이 있겠는가? 하나님이 그 안에 계시다면 그 성전이 얼마나 영광스러운가에 관계없이 아무도 성전에 초점을 맞추지 않을 것이다. 사람들의 관심은 오직 그 안에 거하시는 하나님께 있을 것이다. 이것이 바로 진정한 부흥운동가들이 항상 추구해왔던 것이다. 즉 그들은 오직 주님 자신과 그의 뚜렷한 임재만을 추구해왔다. 한 번 그분의 뚜렷한 임재를 체험하고 나면 우리는 다른 어떤 것으로도 만족할 수 없을 만큼 영원히 사로잡혀 버린다. 성경의 진리와 가장 위대한 기적들 모두 놀라운 것이지만 주님 자신에 비하면 그 경이로움이 훨씬 부족한 것이다.

우리가 그분을 대면하게 되면 필연적으로 성경에 대한 더 큰 사랑과 그의 교회에 대한 더 큰 사랑, 그리고 그분을 추구하는 다른 사람들과의 교제가 뒤따르게 된다. 하지만 그것들 자체만으로는 어떤 것도 우리를 온전히 만족시킬 수 없다. 오직 우리는 그분을 소유해야 한다.

그 두 차례의 부흥을 다루고 있는 이 책의 이야기는 하나님을 추구하다가 그분을 발견했던 자들에 관한 이야기이다. 그들이 경험한, 하나님과의 만남은 영적인 파도와 쓰나미를 세계 전역으로 퍼져가게 했다. 쓰나미와 마찬가지로, 하나님께서 그렇게 움직이실 때는 높은 고지에 있지 않은 모든 것이 파괴될 위험에 처하게 될 것이다. 자신의 높은 부르심에서 추락한 교회들과 사역단체들은 휩쓸려 내려갈 것이다. 그 두 차례에 걸친 부흥운동의 영광은 세계를 놀라게 했지만 부흥이 다가왔을 때 올바른 위치에 있지 않은 자들에게는 심판을 초래하기도 했다. 이런 영광과 심판의 역사는 반복되기 마련이다. 우리는 이것이 단순한 역사가 아니라 예언임을 깨달아야 한다.

나는 『세계가 불타오르다』(The World Aflame)라는 책과 『꺼지지 않는 불』(The Fire That Would Not Die)이라는 책에서 그 두 번의 부흥에 관한 내용을 개별적으로 언급했다. 그 책들은 아주 멋진 책이었지만 내가 쓴 다른 많은 저서들만큼 널리 보급되지는 않았다. 그렇지만 그 책들을 읽은 사람들에게는 분명히 그 책들이 그들의 가장 좋아하는 책이 되는 것처럼 보인다. 그 두 권의 책은 내가 가장 좋아하는 책이기도 하다. 이 책은 그 두 권의 책들을 결합한 것으로서, 그 책들이 쓰여진 이후 여러 해 동안에 걸쳐 내가 새롭게 축적한 부가적인 자료와 통찰력들을 담고 있다. 내가 이 책을 쓰게 된 이유는, 앞서 언급한 바와 같이, 그 두 번의 부흥 이야기들을 결합시키면 분명 개별적으로 이야기할 때보다 그 능력이 훨씬 배가되는 것 같기 때문이다.

그 두 번의 부흥 이야기들은 이 시대 속에 나타난 하나님의 역사에 대한 가장 가슴 벅찬 간증들 가운데 몇 가지를 포함하고 있다. 뿐만 아니라 그 이야기들은 하나님의 도(道)에 대한 가장 중요한 원리들과 방법들 및 통찰력들로 가득 차 있다. 하지만 무엇보다 가장 중요한 것은 하나님께서 사람들에게 추구의 대상이 되시기를 갈망하고 계시다는 것이다. 하나님을 추구하는 자는 누구나 그분을 발견하게 될 것이며, 그분을 발견하는 자들은 그분을 사랑하지 않을 수 없게 될 것이다. 하나님의 사랑은 우리의 가장 큰 보물일 뿐만 아니라 이 땅에 영향을 미칠 가장 강력한 힘이기도 하다. 하나님에 대한 믿음은 산을 옮길 수 있지만 하나님에 대한 사랑은 나라들을 움직일 수 있다. 하나님을 향한 당신의 사랑이 증가되어 그분을 향한 참되고 진실한 열정으로 주변에 강력한 영향을 미치는 사람이 되는 것, 그것이 바로 이 책을 읽는 모든 사람을 위한 나의 주된 기도이다.

부흥을 경험하기 위해서는 사람들의 인정보다 하나님의 인정을 더 사랑해야 한다. 다른 사람이 우리를 어떻게 생각하는지에 관심을 가지면 가질수록 우리가 이 땅에 사는 동안 쓰임 받을 수 있는 가능성은 그만큼 줄어들 것이다. 우리는 왜곡된 시각을 가진 사람들이 아니라 천국이 우리를 어떻게 보느냐에 관심을 가지려는 높은 목표를 가져야 한다. 우리가 천국에서 얻을 수 있는 가장 위대한 간증은 하나님을 사랑하는 자로 알려지는 것이다. 이것이 우리의 가장 높은 부르심이다. 이것이 가장 중요한 것이며 그분은 사랑받기에 합당하신 분이다. 우리가 그분을 사랑하는 데 온 마음을 기울일 때 부흥은 올 것이다.

나는 35년이 넘도록 교회 역사를 연구해왔다. 그 중의 많은 시간이 특별히 위대한 종교개혁 운동과 같은 부흥의 사건들이나 독특하고 강력한 하나님의 운동들을 연구하는 데 할애되었다. 우리가 이 책에서 연구하려고 하는 두 번의 부흥은 나에게 단연코 가장 흥미롭고 강력한 것이다. 그렇지만 나는 스스로를 역사가로 여기기보다는 역사를 연구하는 학생으로 생각한다. 뿐만 아니라 나는 나 자신을 그 두 번의 부흥운동에 대한 전문가로 여기지도 않는다. 나는 단순히 두 번의 부흥운동을 연구하는 과정에서 발견한 값진 보물들 몇 가지를 당신과 나누고자 한다. 생각건대, 그 보물들은 다가오는 사건에 대비하여 우리를 준비시키는 데 놀라운 실제적 도움을 줄 수 있을 것이다.

역사를 되돌아보는 것은 예언적으로 앞을 내다보는 것과 아주 흡사하다. 우리는 부분적으로 보고 부분적으로 안다. 따라서 우리가 완전한 그림을 원한다면 우리가 가진 것과 다른 사람이 가진 것을 함께 모아야 한다. 그렇기 때문에 나는 서로 다른 많은 이야기들을 수집하려고 노력해왔지만 그렇게 하는 과정에서 때때로 그들 사이에 여러 가지 모순점들을 발견했다. 그런 경우에 나는 증거를 고찰해 본 다음 가장 정확하다고 생각되는 이야기를 선택했다. 때로는 얼핏 보기에 모순되는 것 같은 이야기들을 둘 다 책의 내용에 포함시키기도 했는데, 그 이유는 두 이야기 모두가 어느 정도의 진리를 포함하고 있다고 느꼈기 때문이다. 그렇지만 나의 진정한 목표는 단순히 역사에서 얻은 통찰력들만을 나누는 것이 아니라 역사를 만들고자 하는 자들의 준비과정을 돕는 것이다.

2장
발단

　　　　　　웨일즈 부흥으로 발전한 하나님의 운동이 최초로 불 붙은 사건은 펜실베니아의 스크랜튼에서 일어났다. 성장하는 교회의 한 웨일즈 목사가 멋진 언변과 지성으로 청중을 감동시키고 있었다. 그런데 갑자기 그가 하나님 앞에 깨어진 심령이 되어 자신이 신약의 참된 선지자가 아니라는 것을 깨달았다. 자신의 참된 영적 상태에 대한 통회로 가득차 있을 때 그는 성령충만이라는 영광스런 경험을 하게 되었다. 즉각적으로 그의 설교가 바뀌어 웅변이 열정으로 대치되었다. 뿐만 아니라 그는 자신이 사랑하는 웨일즈에 대한 부담을 갖고서 고국으로 돌아가기 위해 스크랜튼에 있는 교회를 사임하였다.

　　그 젊은 목사가 이상한 절박감으로 충만해서 돌아온 것을 보고 그가 미국으로 떠나기 전에 그를 알았던 웨일즈의 경건한 사람들은 깜짝 놀랐다. 그는 더 이상 회중을 자극하여 높은 감정의 고지를 경험하게 하는 효과를 위해 설교하지 않았다. 그는 영혼 구원과 주의 백성의 각성이라는 결과를 얻기 위해 설교했다. 한 목격자는 이렇게 말했다. "웨일즈의 설교축제가 그가 그곳에 있음으로 인해 거의 성결대회(Holiness Convention)와 유사한 집회로 바뀌는 모습을 바라본다는 것은 정말 이상한 것이었다! 모든 사람이 그 목사의 진실함을 믿었지만 대부분은 그를 이해할 수 없었고 적대적인 자세를 취한 사람도 많았다."

이것은 1879년에 시작되었다. 그 젊은 설교자는 비방과 핍박을 받고 있었음에도 불구하고 포기하지 않았으며 곧 바로 자신이 속한 교단의 다른 젊은 목사들에게 깊은 영향을 주기 시작했다. 그 젊은이들 안에 있는, 하나님의 임재를 향한 열정이 그들로 하여금 거룩한 단체를 결성하게 하였고, 그 단체는 그 이후 수 년 동안 지속되었다. 하나님의 섭리 속에서, 1903년 초, 그 젊은이들은 그 단체가 지속될 수 있도록 하기 위해 상호 강단을 교류하며 설교하게 되었다.

하나님께서 그들을 위해 준비하신 모든 것을 얻고자 하는 그들의 절박한 마음은 한층 더 강렬해져 이내 그들 가운데 계신 하나님의 임재를 의식하는 것으로 바뀌었다. 이 목사들은 일정 기간의 힘겨운 중보기도가 끝나고 나면 그 다음 날 말씀 설교를 위한 특별한 능력이 임하곤 한다는 사실에 주목하기 시작했다. 영광스런 체험들은 더 큰 믿음을 낳는다. 얼마 지나지 않아 그 작은 젊은 목회자 그룹은 영광스럽고 놀라운 일이 그들 사이에서 일어날 것임을 확신하게 되었다.

마이어(F.B. Meyer) 박사는 사우스 웨일즈의 동료 설교자들에게 사역하는 일에 놀랍게 사용받고 있었다. 그래서 이 열정적인 단체는 그에게 편지를 보내 자신들에게 와서 하나님의 깊은 것들에 대해 가르쳐 달라고 그를 초청했다. 그는 답신에서 그 해에 웨일즈에 있는 아름다운 랜드리도드 웰즈(Llandridod Wells) 광천(鑛泉)지에서 "케즈윅 대회"(Keswick Convention)가 열릴 것이므로 거기에 참석하라고 그들을 초청했다. 그리고 그들은 그 대회에 참석했다. 하나님은 그 젊은이들 위에 강력하게 임하셨고 그들은 모두 하나님의 거룩한 것들에 대해 훨씬 더 깊이 알게 되었다.

많은 사람들이 되돌아 보건데 그 대회가 다가오고 있는 거대한 변화의 산에 오르기 위한 중요한 단계이었다고 평가했다. 물론 다른 단계들도 있었다. 커다란 영적 각성이나 부흥에 참여해 본 사람들은 거의 모두가 뒤를 돌아보면서 그들이 무의식적으로 쫓아왔지만 놀라울 정도로 신중하게 계획된 경로를 발견할 수 있었다.

1904년 8월, 랜드리도드 웰즈에서 두 번째 대회가 열렸다. 마이어 박사와 피어슨(A.T. Pierson) 박사가 설교자로 사역했다. 다시 한 번 하나님의 능력과 영광이 사람들을 변화시키기 위해 그곳에 임했다. 웨일즈의 성도들은 하나님의 영광에 너무나 압도된 나머지 "만유의 주여, 면류관을 쓰소서!"(CROWN HIM LORD OF ALL!)라는 멋진 합창곡을 계속해서 부르고 또 불렀다.

그러는 동안 카딩갠셔(Cardinganshire)에서, 뉴 퀘이(New Quay)라는 이름을 가진 작은 마을에서, 주님은 다가오는 영적 각성을 위한 다른 도구들을 조용히 준비해오고 계셨다. 요셉 젠킨스(Joseph Jenkins) 목사는 자신의 설교에 기름부음이 부족한 것에 대해 심각하게 걱정한 나머지 결국 그리스도 안에서의 더 깊은 삶을 절박한 마음으로 찾지 않을 수 없게 되었다. 앤드류 머레이(Andrew Murray)의 책 『기도 학교에서 그리스도와 함께』가 그의 손에 들어왔고 그 무렵에 그에게 엄청난 감동을 주었다. 그는 주위의 그리스도인들 가운데 있는 무관심과 자신의 교회에 다니는 젊은이들의 냉담함으로 인해 점점 더 부담을 느끼게 되었다. 그는 성령님께 순종하는 문제를 가지고 그들에게 간곡히 권면했다. 그것은 1904년의 초반에 있었던 일이다.

한 간증이 불을 붙이다

점화기는 이제 준비되어 있었으나 불을 붙일 불꽃은 전혀 예상치 못했던 곳에서 왔다. 젊은이들을 위한 주일아침 기도모임에서, 젠킨스 목사는 영적 체험에 대한 간증을 하도록 요청했다. 여러 명의 사람들이 다른 주제들에 관해 이야기하려고 시도했으나 젠킨스 목사는 그들을 제지했다. 마침내 놀라운 회심을 경험한 지 단 며칠밖에 되지 않은 플로리 에반스(Florrie Evans)라는 이름의 한 어린 소녀가 일어나서 떨리는 목소리로 말했다. "전 예수 그리스도를 온맘으로 사랑해요!"

그 단순한 말로 인해, 하나님께서 그토록 많은 사람들의 심령에 심어놓으셨던 불꽃이 갑자기 공공연한 불길로 타오르게 되었다. 많은 이들이 이것을 위대한 웨일즈 부흥의 진정한 시작으로 간주한다. 불길은 빠른 속도로 블레나너취(Blaenanerch)와 뉴캐슬(Newcastle), 에믈린(Emlyn), 케플 드린도드(Capel Drindod), 그리고 트레그윈트(Tregwynt)로 번져갔다. 물결이 거대한 화산에서 흘러내린 용암처럼 광범위하게 퍼져나갔다. 그리고 얼마 안 가서 수천 수만 명의 사람들이 영광스런 하나님의 아들에 대한 성령의 증거로 불타올랐다.

뉴 퀘이에서의 축복에 대한 소문이 빠른 속도로 널리 퍼져나갈 때, 문들이 사방에서 열리기 시작했다. 담임목사의 지도 아래 있었고 대부분 16세에서 18세의 나이로 구성되었던 이 젊은이들의 그룹은 그 나라의 남부 전역에서 집회를 인도했다. 불은 계속해서 증가되어 그것을 저지하려고 하는 모든 한계를 뛰어넘어버렸다. 많은 대회들과 컨퍼런스들이 웨일즈 전역에서 폭발적으로 개최되었고 심령의 거룩함과 성령 안에서의 삶을 강조했다. 주님은 W.S. 존스(W.S. Jones)와 케리 에반스(E. Keri Evans), 제이크 띠킨스(Jake Thickens), 셋 & 프랭크 조수아(Seth and Frank Joshua), 존 퍼(John Pugh), 그리고 R.B. 존스(R.B. Jones)와 같은 사람들을 강력하게 사용하셨다.

1904년 8월, 카디프(Cardiff)라는 도시에서 유명한 복음전도자인 토레이(R.A. Torrey) 목사가 많은 사람을 구원으로 인도한 집회를 개최하였다. 사방으로부터 주님은 당시 웨일즈에서 그 강도를 더해가고 있는 불길에 더 많은 연료를 가져오고 계시는 것처럼 보였다. 같은 해 11월, 노스 웨일즈(North Wales)의 로스(Rhos)에서는 여러 교회들이 전도집회를 열기 위해 존경받는 설교자 R.B. 존스를 초청했다. 그는 그 이전 해에 성령충만한 삶을 시작하였고 그로 인해 그의 사역 전체가 변화되었다. 그는 새로운 메시지로 불타올랐으며, 그에 관한 소식은 영국 전역으로 퍼지고 있었다. 하나님의 적절한 타이밍에, 이 불타는 복음전도자가 웨일즈의 타오르는 불길을 더욱 더 타오르게 만들었다.

로스(Rhos)에서는 이름만 그리스도인이었던 사람들이 하나님 앞에 무너져 자신들의 삶속에 있는 장애물들을 제거하기 시작했다. 그들은 그리스도께 완전히 굴복하고 성령의 충만함을 받기로 결단했다. 천국의 수문(水門)이 열려 성령이 폭포수처럼 쏟아 부어졌다. 교인들의 숫자가 증가하여 교회들은 밤마다 차고 넘치게 되었다. 존스 목사가 로스를 떠난 지 4주 후, 렉샘(Wrexham)신문은 "지역 전체가 도무지 놓을 기미를 보이지 않는 이상한 영적 힘에 사로잡혀 있다."고 보도했다.

목사들이 있든지 없든지 상관없이, 이미 집회들은 사람들에 의해 직접 진행되어가고 있었다. 집회들은 아침에 시작하여 저녁을 지나 한밤중까지 계속되었다. 그런 다음 그들은 길거리와 가정들, 기차들, 공장들, 그리고 광산(鑛山) 등으로 쏟아져 들어가기 시작했다. 얼마 지나지 않아 각성을 경험한 그리스도인들과 새로운 회심자들의 거대한 행렬이 찬송가를 부르고 구세주를 기뻐하면서 여러 도시들을 가로질러 행진하고 있었다.

이 무렵 웨일즈에는 하나님의 과격한 만지심을 경험한 바 있고 하나님께서 성령 부어주시기를 절박한 마음으로 갈구하는 거의 4만 명의 신자들이 있었다. 그들 대부분은 서로에게 아직 알려지지 않은 채 나라 전역에 흩어져 그룹들을 이루고 있었다. 그들의 기도에 대한 응답으로 하나님의 강력한 능력을 엄청난 분량으로 쏟아 부으시기 위해 성령께서 그들을 서로 연결시키기 시작하셨을 때, 곧 바로 웨일즈 공국 전체가 하나님의 불로 타올랐을 뿐만 아니라 전 세계의 많은 나라도 역시 얼마 지나지 않아 불타오르게 되었다.

3장
불의 연료

많은 이들이 역사상 가장 거대했던 것으로 간주하는 부흥이 웨일즈에서 일어난 것은 1904년 후반기였다. 역사상 지구 전체에까지 확대되어 수백 만 명의 사람들에게 영향을 준 영적 각성이 몇 번 있었지만, 그 어떤 것도 웨일즈 부흥만큼 당대에 집중적인 충격을 준 사건은 없었다고 말할 수 있다. 마치 주님께서 웨일즈를 내려다보시며 이렇게 말씀하신 것처럼 보인다. "나에게 기꺼이 굴복하고자 하는 소수의 신실한 성도들을 통해 내가 무엇을 할 수 있는지 교회와 세상에 보여주겠다." 그 부흥의 결과는 그 이야기를 듣는 모든 사람들에게 아직도 확신과 소망의 충격파를 던져주고 있다.

빛이 어둠 가운데 비치다

당시 웨일즈의 전반적인 영적 상태는 그 어느 때보다 더 어두웠다. 술집이 넘쳐났고, 풋볼(축구)과 투계(鬪鷄), 프로권투, 노름 및 매춘이 노동자 계급의 영혼을 완전히 사로잡아 버린 것처럼 보였다. 살인과 강간 및 다른 폭력적인 죄들이 다반사였고 극적인 비율로 증가하고 있었다. 당국자들은 거의 통제권을 상실해가고 있는 것처럼 보였다.

웨일즈 탄광의 어두운 터널들은 그 나라에 일어나고 있는 현상을 적절히 보여주는 상징물 같았다. 그렇지만 하나님은 그 광부들 사이에서 한 음성을 준비시키고 계셨다. 마치 웨일즈가 죄악의 어두운 구덩이에서 나오기 시작한 것처럼 그는 복음을 전파하기 위해 탄광에서 나왔다. 얼마 지나지 않아 그 젊은 광부 에반 로버츠(Evan Roberts)와 아주 작은 웨일즈로 인해 전 세계가 숨을 죽이고 하나님의 놀라운 일들을 주목하게 될 터였다.

에반 로버츠는 1878년 6월 8일, "아일랜드 하우스"(Island House)라고 불리는 한 노동자의 오두막에서 태어났다. 그곳은 8개의 작은 방이 있는 수수한 집이었다. 그때는 다가오는 수십 년 동안, 그 작은 집을 보면서 에반에게 그랬던 것처럼 하늘이 다시 열리기를 기도하기 위해 많은 순례자들이 전 세계로부터 올 것이라고는 아무도 예상할 수 없었을 것이다.

에반은 9살밖에 되지 않았을 때 탄광에서 일하기 시작했다. 그의 아버지 헨리(Henry)가 탄광에서 다리가 부러져 그의 아들이 아버지의 일을 도와야만 했다. 여러 달 후에, 에반은 직접 문지기의 일을 떠맡았다. 탄광 주변의 문들을 돌보는 것이 그의 일이었다. 그는 일주일에 75센트를 받았다. 나중에, 그는 대장장이 일을 배웠다.

에반은 성장하면서 설교하고 싶은 불타는 열정을 느끼기 시작했지만 다른 야망을 가진 사람들 가운데 그 탄광을 떠난 사람은 거의 없었다. 더군다나 설교자가 되고 싶어 하는 자들은 더욱 더 없었다. 광부의 삶이라는 덫에 일단 걸리게 되면 도망치는 것은 극히 어려운 일이었다. 그렇지만 에반의 목사님과 친구들은 부족한 교육 탓에 그의 앞길이 어두웠음에도 불구하고 그를 격려해 주었다. 에반은 자신의 비전을 버리지 않고 붙잡았다.

그리고 26살이 되었을 때는 뉴캐슬 에믈린에 있는 예비학교에 들어갔다. 이것은 트레베카(Trevecca) 대학 입학시험을 준비하기 위한 것이었다. 에반은 자신이 할 수 있는 한 최선을 다하고 나머지는 하나님께 맡기기로 결심한 바 있었다. 에반은 결코 학교를 졸업하지 못할 사람이었지만 언젠가는 많은 학교들이 에반을 연구할 뿐만 아니라 그가 불을 붙이고 이끌었던 특별한 하나님의 운동을 연구하는 데 큰 관심을 기울이게 될 터였다. 주님은 에반의 지식을 필요로 하신 것이 아니라 오직 에반을 필요로 하셨을 뿐이다.

한동안, 에반은 주님과의 더 친밀한 관계를 찾고 추구해갔다. 모리아(Moriah) 채플의 집사인 윌리암 데이비스(William Davies)가 젊은 에반에게 기도모임을 절대로 빼먹지 말라고 충고해 준 적이 있었다. 잘못 했다가는 성령님께서 임하셨을 때 그가 그 자리에 없을 수도 있다는 이유 때문이었다. 그래서 에반은 월요일 저녁집회는 모리아에, 화요일은 비스가(Pisgah)에, 수요일은 모리아에, 그리고 목요일과 금요일은 다른 기도모임들과 성경공부반에 충실하게 참석했다. 14년 동안이나 그렇게 하면서 그는 성령의 강력한 방문하심을 위해 끈질기게 기도했다.

계시

1904년 어느 날 학교에 가기 전, 에반은 자신이 후에 변화산 체험이라고 부른 경험 가운데 있게 되었다. 주님께서 너무나 놀랍고 압도적으로 자신을 계시하셔서 에반은 거룩한 두려움으로 가득차게 되었다. 그 후에 그는 너무나 현저하면서도 통제할 수 없는 진동의 기간들을 통과하곤 했는데, 그로 인해 가족들은 근심에 휩싸이게 되었다. 여러 주 동안 하나님은 에반을 매일 밤 방문하셨다. 가족들이 그에게 무슨 일을 경험했는지 말해보라고 재촉할 때, 그는 그저 말로 표현할 수 없다고 대답한 뿐이었다. 그가 뉴캐슬 에믈린에 있는 문법학교에 들어갈 때가 다가왔을 때, 그는 주님과의 그런 만남의 체험들을 놓칠지도 모른다는 생각에 학교에 가고 싶은 마음이 들지 않았다.

그 무렵에는 집회가 그의 학교에서 수마일 떨어져 있는 블레나너취(Blaenanerch)에서 열리고 있었다. 셋 조수아(Seth Joshua)라는 이름의 복음전도자가 집회들을 인도하고 있었다. 1904년 9월 29일 목요일 아침, 에반 로버츠와 그의 친구 시드니 에반스(Sydney Evans)를 포함한 19명의 다른 젊은이들이 그 집회에 참석했다. 집회 도중에 주님께서 그 적은 무리에게 강하게 역사하셔서 그들은 노래하기 시작했다. "다가오고 있네, 다가오고 있네. 성령의 능력이. 나는 받으리. 나는 받으리. 성령의 능력을."

7시 집회 도중에, 에반은 너무나 깊은 감동을 받은 나머지 예배가 끝날 무렵에 완전히 무너져 내렸다. 바로 그때 셋 조수아가 나중에 부흥의 부르짖음으로 알려지게 되는 "오 주여, 우리를 구부려 주소서!" (BEND US, OH LORD!)란 말을 처음 사용했다. 에반은 너무나 힘든 진통속에 들어가 있었기 때문에 다른 어떤 말도 들려오지 않았다. 그는 나중에 하나님의 성령이 그에게 "이것이 바로 너에게 필요한 것이다"라고 속삭였다고 증언했다. 에반에게 그 말의 의미는 단순히 성령님께 굴복하는 것이었다.

"오 주님, 나를 구부려 주소서!" 그는 계속해서 부르짖었다. 하지만 불은 떨어지지 않았다. 9시 집회에서는 중보의 영이 회중 위에 강력한 능력으로 역사하고 있었다. 에반은 기도하고 싶어 견딜 수 없는 마음이 되었다. 바로 그때 그는 하나님의 성령이 자신에게 공개적으로 기도하라고 촉구하고 계심을 느꼈다. 눈물이 뺨을 타고 흐르는 동안 에반은 단순하게 부르짖기 시작했다. "나를 구부려 주소서! 나를 구부려 주소서! 나를 구부려 주소서! 우리를 구부려 주소서." 그때 성령께서 에반을 충만케 하는 강력한 세례로 그 위에 임하셨다. 그는 후에 그것을 "갈보리의 사랑, 그리고 갈보리를 향한 사랑"이라고 불렀다. 그날 밤 십자가의 메시지가 에반의 마음에 너무나 강한 인상을 남긴 나머지 다른 어떤 것도 그가 곧 이끌게 될 거대한 부흥의 주제가 될 수 없게 되었다. 그날 밤 이후로 에반 로버츠는 한 가지 생각, 즉 예수의 십자가 기슭으로 영혼들을 구원하는 것에 초점을 맞출 수 있었다. 역사가들은 그날 밤을 "블레나너취의 위대한 집회"로 부르곤 했다.

그 일이 있은 직후 어느 날 밤 자정, 에반의 방친구이자 가장 가까운 친구인 시드니 에반스가 방에 들어왔을 때 에반의 얼굴이 거룩한 빛으로 빛나고 있었다. 깜짝 놀란 그는 무슨 일이 있었느냐고 물었다. 에반은 방금 환상 가운데 웨일즈 전체가 하늘로 들려올라가는 모습을 보았노라고 대답했다. 그런 다음 그는 이렇게 예언했다. "우리는 웨일즈가 한 번도 알지 못했던 가장 강력한 부흥을 보게 될 것이다. 성령께서 바로 지금 임하고 계신다. 우리는 준비해야 한다. 우리는 적은 무리를 모아 온 나라를 돌면서 복음을 전해야 한다." 갑자기 그는 말을 멈추더니 꿰뚫는 듯한 눈으로 이렇게 부르짖었다. "너는 하나님께서 지금 우리에게 10만 명의 영혼들을 주실 수 있다고 믿니?"

주님의 임재가 너무나 강력하게 시드니를 사로잡았기 때문에 그는 그것을 믿지 않을 수 없었다. 후에, 예배당에 앉아 있는 동안 에반은 환상 가운데 그의 오래된 친구들 중 몇 사람이 많은 다른 젊은이들과 함께 있는 것을 보았다. 한 음성이 그에게 이렇게 말했다. "이 사람들에게 가라." 그는 말했다. "주님, 당신의 뜻이라면 가겠습니다." 그때 예배당 전체가 너무나 눈부신 빛으로 충만해져서 그는 강단에 있는 목사님을 희미하게밖에 볼 수 없었다. 그는 너무나 혼란스러웠기 때문에 그 환상이 주님으로부터 온 것인지 확인받고 싶었다. 그래서 결국 지도 교수와 상의를 하였고 그 교수는 그에게 가라고 권면했다.

그들은 순종했다

10월 31일, 에반은 성령께서 이미 그 앞에 이루어 놓으신 위대한 준비 작업에 대해 거의 알지 못한 채 기차를 타고 고향으로 돌아왔다. 그의 어머니께서 문 앞에서 그를 만나 깜짝 놀라시며 이렇게 소리쳤다. "너 어디 갔다 오는 거니? 왜 학교에 가지 않았어? 어디 아프니?"

"아뇨." 그가 대답했다.

"그러면 왜 집에 돌아왔어?"

"오 어머니, 성령께서 모리아 채플에 있는 젊은이들 사이에서 일하라고 저를 이곳으로 돌려 보내셨어요." 그리고는 그의 동생 댄(Dan)에게로 몸을 돌리며 이렇게 말했다. "적어도 2주 안에 라우거(Loughor)에서 큰 변화가 일어나는 걸 보게 될 거야. 웨일즈에 지금까지 일어난 적이 없는 가장 큰 부흥이 일어날 것이다."

그런 다음 에반은 곧 바로 목사님께 가서 젊은이들을 위한 집회를 열도록 허락해 달라고 부탁했다. 그날 밤 장년 기도모임이 끝난 후, 그는 젊은이들에게 할 말이 있으니 남아 달라고 요청했다. 16명의 어른들과 단 한 명의 작은 소녀만이 남았다. 그토록 소수만이 관심을 보였다는 데 대한 실망감을 억누른 후, 에반은 조용한 목소리로 고향에 돌아온 이유를 설명하기 시작했다. 그는 단순히 성령님께 순종하고 있으며 이곳 모리아에서 엄청난 수의 젊은이들이 구원받을 것이라고 말했다. 그리고 무엇보다도, 강력한 부흥이 웨일즈에 임할 것이라고 말했다!

바로 이렇게 웨일즈의 역사에서 가장 중요한 집회들이 시작되었다. 그날 밤 그곳에는 냉담한 영이 있었으며 불신앙의 공기가 너무 짙어서 마치 대기 중에 걸려 있는 것처럼 보였다고 전해졌다. 결과가 너무나 실망스러웠기 때문에 에반은 자신이 본 환상들이 이상한 망상에 지나지 않은 것이라고 생각하고픈 유혹까지 느꼈다. 과연 그 젊은 설교자는 자신이 본 환상들을 믿을 것인가 아니면 그저 화려한 망상에 속았다고 말하고 있는 그 목소리를 믿을 것인가? 바로 이 지점에서 많은 사람들이 부르심의 성취로 인도하는 길에서 벗어나 버리고 만다. 하지만 에반은 그렇지 않았다.

그는 부흥을 목격할 기회를 놓치느니 차라리 웨일즈에서 가장 큰 바보가 되겠노라고 결단했다. 에반은 자신이 예언했던 것처럼 그 비전을 붙잡기로 선택했으며 그 예언은 성취되었다. 2주 안에 라우거(Loughor)는 변화되었고 10만 명의 젊은이들이 주님께로 몰려들기 시작했다. 에반은 보잘 것 없는 출발을 멸시하지 않았기 때문에 모든 시대를 통틀어 가장 위대한 하나님의 운동들 가운데 하나를 출범시키는 데 사용되었다.

4장
길이 정해지다

　　　　　　그 젊은이들을 대상으로 한 실망스런 첫 예배 후, 다음 날의 예배는 비스가 근처에 있는 작은 예배당에서 열렸다. 그곳은 모리아의 선교지였다. 그날은 화요일 밤이었는데, 이상하게도 청중이 엄청나게 늘어나 있었다. 에반은 성령으로 충만함을 받는 것의 중요성에 관해 설교했다. 그 모임은 밤 10시까지 계속되었다.

네 가지 교리

　　그 다음 날인 11월 2일, 에반은 모리아로 돌아가 「중요한 네 가지 진리들」에 관해 설교했다. 그것은 후에 부흥의 기반이 되는 메시지가 되었으며 "네 가지 핵심"으로 알려지게 되었다. 그것은 4가지 필수적인 조건으로, 에반은 부흥이 올 수 있기 위해서는 그 4가지가 반드시 있어야 한다고 믿었다. 그 4가지는 다음과 같다.

1. 모든 죄를 하나님께 자백하고 회개해야 한다. 교회는 정결케 되어야 한다. 죄와 타협의 여지가 없어야 주님의 신부가 흠이 없게 될 것이다. 우리의 삶속에 선한 것인지 악한 것인지 조금이라도 의심되는 무언가가 있다면 단호하게 끊어버리라!
2. 신자와 하나님 사이에 용서치 않음으로 인해 유발된 어떤 먹구름도 있어서는 안된다. 당신은 모든 사람을 용서했는가? 그렇지 않다면, 당신 자신의 죄에 대한 용서를 기대하지 말라. 성경은 우리가 용서할 때까지는 용서받을 수 없다고 분명하게 말씀한다. 용서치 않는 태도는 죄와 마찬가지로 우리를 하나님으로부터 분리시킨다.
3. 우리는 성령님께 순종해야 한다. 성령께서 당신에게 하라고 감동하시는 것을 행하라. 우리가 그분께 사용되고자 한다면 성령님께 대한 즉각적이고, 절대적이며, 무조건적인 순종이 요구된다.
4. 그리스도를 공개적으로 구세주라고 고백해야 한다. 이것은 구원의 경험이나 세례 후 단 일회적으로 끝나는 사건이 아니다. 그리스도인에게 그것은 생명의 길이다. (에반은 또한 고백과 공언 사이에 차이가 있다고 믿었다.)

에반은 자신이 언제 그것들을 처음 설교했는지 알지 못했지만 그

"네 가지 진리들"은 부흥의 방향과 경로를 설정해 주었으며 부흥이 곁길로 빗나가지 않고 지속되도록 하는 데 도움이 되었다. 그 진리들은 회개의 기초를 확고히 세웠으며, 그런 다음에는 주님과의 개인적이고 살아 있는 관계를 기반으로 삼았다. 부흥 배후의 추진력은 교리나 인간의 성품이 아니라 세상에 죄에 대한 자각을 심어준 다음 세상을 죄의 용서자이신 예수 그리스도께로 이끌기 위해 오신 성령이었다. 성령께서는 단순하게 그 일을 행하실 수 있는 한도만큼 오랫동안 머무르시면서 강력하게 움직이셨다. 부흥을 위해 필요한 것은 바로 그것이다.

11월 3일, 에반은 다시 모리아에서 집회를 갖고 어린이들에게 "예수님을 위해 모리아에 성령을 보내 주소서"라고 기도하라고 가르쳤다. 그는 그날 저녁에 "구하라 그러면 너희에게 주실 것이요"라는 제목으로 설교했다. 그는 이렇게 설교했다. "이것들을 믿어야 합니다. 일이 성공하려면 우리는 하나님께서 우리의 기도에 응답하기 원하시며 응답하실 수 있다는 것을 믿어야 합니다. 우리는 모든 대적을 물리칠 수 있는 정복자 그리스도를 믿어야 합니다." 에반은 그 어느 때보다 더 강한 담대함으로 그 점을 강조하도록 이끌림을 받았다.

이제 그 비전은 에반에게 육신의 눈으로 볼 수 있는 그 어떤 것보다 더 실제적인 것이 되어가고 있었다. 그는 아무것도 없는 상태에서도 "빛이 있으라"고 말씀하실 수 있는 창조적인 하나님의 말씀의 능력을 느꼈다. 에반은 이상하게도 그렇게 말하기만 하면 그렇게 될 것이라는 확신을 갖게 되었다. 그는 예언에 관해 전부 다 이해하지는 못했지만, 그것은 중요한 것이 아니었다. 스위치를 켜기 전에 전기에 관해 전부 다 이해할 필요는 없는 것이다. 에반은 불이 켜질 때까지 계속해서 예언하고자 했다.

그 다음 날 저녁, 잠깐 동안 설교한 후, 에반은 그 집회를 기도와 간증을 위해 활짝 열어 두었다. 주님의 임재가 거기에 임했고 그 집회는 자정까지 계속되었다. 그 다음 집회는 젊은이들을 위한 것이라고 광고했지만 그날 저녁에는 젊은이들만큼이나 많은 어른들이 예배당으로 몰려왔다. 그날의 분위기 속에는 하나님께서 뭔가 놀라운 일을 행하실 것이라는 이상한 기대감이 있어서 아무도 차마 떠나갈 수 없었다.

하나님께서 움직이시지 않으면 집회는 무거운 짐이다. C.S. 루이스(C.S. Lewis)가 예전에 언급한 바와 같이, 지옥은 하나님 없이 끝없이 지속되는 교회 모임은 고통스러울 수도 있다. 그렇지만 사도행전에서 보듯이, 하나님께서 움직이실 때 사람들은 오직 함께 모이기만을 원하게 된다. 그렇게 되면 하나님의 백성들이 모이는 기름 부음 있는 집회보다 더 흥미진진하고 강력한 것은 없다.

젊은이들의 집회에 이제 그만큼이나 많은 수의 어른들이 참석하게 된 것은 바로 점점 더 증가해가는 주님의 임재 때문이었다. 모든 사람이 집회에 들어오고 싶어 했다. 많은 어린이들이 놀라운 회심을 경험하면서 나이 든 사람들을 놀라게 하기 시작했다. 에반은 에베소서 5:18절을 토대로 술 취하지 말고 성령의 충만함을 받으라고 설교했다. 또 다시 집회는 자정이 지나기까지 계속되었다.

한 주도 못 되어, 집회들은 냉담하고 힘없는 단계에서 그 젊은 설교자나 사람들이 전에는 한 번도 목격하지 못했던 강렬한 기름부음의 단계로 올라가 있었다. 며칠 전만 해도 에반의 말들은 마룻바닥에 떨어지는 것처럼 보였다. 이제 그의 말들은 가장 강퍅한 심령까지도 꿰뚫는 능력을 가지고 있었으며, 진정한 회개가 파도처럼 사람들 위로 굽이쳐 돌고 있었다. 에반의 환상이 그의 눈 앞에서 성취되고 있었다.

11월 6일 주일에는 다른 도시에서 온 한 순회목사가 아침 강단에서 설교했다. 에반은 앉아서 그 메시지에 귀를 기울였다. 그 목사는 에반이 전에 보았던 대로 하나님께 순종할 기회를 주고자 저녁에는 에반이 설교할 것이라고 광고했다. 에반의 설교주제는 "순종의 중요성"이었다.

그의 메시지에서 에반은 성령님을 인격화시키고 그 집회를 그분의 손에 넘겨 드렸다. 성령께서 임하셨고 60명의 젊은이들이 구원의 초청에 응답했다. 그때 에반은 사람들에게 "그리스도를 위해 지금 성령을 보내 주소서!"라고 기도하라고 촉구했다. 그 모임도 역시 자정이 훨씬 지날 때까지 계속되었으며, 그 집회에 대한 소식이 라우거(Loughor) 지방 전역으로 퍼져나갔다. 사람들의 영은 이미 불신앙에서 소망과 기대와 경외감으로 옮겨가 있었다. 마치 매일 저녁 보이지 않는 손이 영적인 온도조절장치를 몇 도씩 더 올리고 있는 것 같았다. 예언이 빠른 속도로 역사적 사실이 되어가고 있었다.

시험

월요일 저녁 기도 모임은 결코 모리아 채플의 예배들 가운데 하이라이트에 속하는 것으로 간주되지 못했다. 대부분의 회중 기도 모임과 마찬가지로, 정기적으로 참석하는 몇 사람과 우연히 들른 소수의 사람이 있었다. 11월 7일 월요일, 그 예배당은 뒤쪽 문에까지 가득 찼다. 그것은 그 교회 역사에서 전에는 한 번도 일어나지 않았던 사건이었다. 8시에 에반 로버츠가 도착했고, 성경을 펼쳐 말라기의 마지막 장의 일부를 읽었다.

> 내 이름을 경외하는 너희에게는 의로운 해가 떠올라서 치료하는 광선을 발하리니 너희가 나가서 외양간에서 나온 송아지 같이 뛰리라
> 또 너희가 악인을 밟을 것이니 그들이 나의 정한 날에 너희 발바닥 밑에 재와 같으리라 만군의 여호와의 말이니라(말라기 4:2-3)

그런 다음 에반은 그 성경말씀이 웨일즈에서 즉각적으로 성취될 것이라고 담대하게 선포하여 참석한 사람들을 놀라게 했다!

주님께서 나사렛의 회당에서 이사야의 예언을 처음 낭독하셨을 때, 그분의 말씀을 들은 사람들 또한 그분의 담대함에 놀랐다. 주님은 그분의 말씀을 들은 모든 사람에게 그분을 믿든지 아니면 거부하든지 선택할 것을 요구하는 권위를 가지고 말씀하셨다. 그들은 그분을 거부하기로 선택했다. 그날 밤 모리아에서 에반 로버츠의 말을 들은 사람들 역시 마찬가지로 그의 담대함에 도전을 받았다. 참석한 자들은

그것이 부흥을 다음 단계로 진행되게 하든지 아니면 사라져 버리게 하든지 할 한계점이 될 것이라고 느꼈다.

잠시 동안 그 거대한 하나님의 운동은 극히 불안정한 상태로 걸려 있었다. 거기 서 있는 젊은이는 그들이 어린시절부터 알고 있었으며 탄광에서 일한 적이 있는 사람이었다. 그런데 지금 그가 그들이 전에는 한 번도 본 적이 없었던 담대함으로 하나님의 말씀을 선포하고 있었다. 에반이 너무나 강력한 권위를 가지고 말씀을 전했기 때문에 그들은 전례없고 놀라운 부흥을 보기 위해 하나님을 믿든지 아니면 그 사자(使者, messenger)를 거부하든지 해야만 했다. 그들은 믿기로 선택했다. 그들은 그 엄청난 시험을 통과했다. 이제 웨일즈의 영적인 공기는 결정적인 수준에 도달했다. 부흥은, 최소한 어느 정도는, 이제 불가피하게 일어날 수밖에 없었다.

그들은 하나님의 사자들을 영접했다

부흥 이야기를 계속하기 전에, 우리가 진정한 부흥을 경험하고 그 부흥에서 쓰임받을 것인가를 결정할 수 있는 가장 중요한 요인들 중 하나를 상당히 심도있게 다루어야 할 필요가 있다. 먼저, 진정한 부흥으로 이끄는 한 가지 질문을 던져 보자. 그 부흥 전체가 그 한 사람, 에반 로버츠를 받아들인 데 달려 있었다고 말할 수 있을까?

그렇다! 우리가 성경적이고 역사적인 부흥의 선례들을 믿는다면,

위대한 웨일즈 부흥은 주님께서 성냥불을 켜서 부흥의 불을 점화시키기 위해 선택하신 그 사자를 받아들인 데 달려 있었던 것 같다. 뿐만 아니라 하나님께서 의도하셨던 많은 하나님의 운동들이 그가 선택하신 그릇을 거부함으로 인해 일어나지 못했던 것 같다. 이것은 중요한 성경적, 역사적 진리이다. 그것이 결정적인 시험인 것이다.

성경에 기록된 가장 놀라운 부흥사건들 중 하나가 사악한 이교도의 도시 니느웨에서 일어난 것은 그곳의 거주민들이 가장 낯설고 이상한 히브리의 예언자, 요나를 믿기로 선택했기 때문이다. 우리가 은혜를 받는 것은 흔히 그분으로 하여금 어리석은 자를 사용하여 지혜로운 자를 당황케 하고 연약한 자를 사용하여 강한 자를 어리둥절케 하시도록 허용해 드리는 우리의 능력에 달려 있다. 주 예수님은 이 땅을 떠나시기 전에 친히 이렇게 말씀하셨다. "…이제부터 너희는 찬송하리로다 주의 이름으로 오시는 이여 할 때까지 나를 보지 못하리라!"(마태복음 23:39) 이 말씀을 통해, 그분은 그 시점부터 우리가 그분이 우리에게 보내신 사람들을 축복하지 않으면 그분을 보지 못할 것이라고 선언하고 계신 것이었다.

웨일즈 부흥은 한 백성이 어떻게 그들의 문을 두드리시는 주님의 음성을 들었고 어떻게 그분께 문을 열어 주었으며 어떻게 일정 기간 동안 그분의 현저히 나타나는 임재를 유지할 수 있었는지 보여주는 고전적인 실례 가운데 하나이다. 많은 부흥운동들이 시작되자마자 자기 자신의 목적을 위해 그것을 사용하려고 하는 야심있는 사람들에 의해 너무나 빨리 중단되어버리고 말았다. 기타 많은 부흥들은 사람들이 다양한 이유들로 인해 주님께서 그들에게 보내신 사자들을 거부했기 때문에 아예 시작되지도 못하고 말았다. 주님은 그의 몸을 구성하는 사람들을 통해 일하고 계신다. 우리가 그들을 거부하는 것은 곧 그분을 거부하는 것이다. 우리가 그런 반응을 보인다면 그분은 영접 받을 수 있는 곳으로 가실 것이다.

우리가 하나님께서 영광을 받으시는 모습을 보고 싶어하는 것은 옳은 일이다. 하지만 그렇다고 해서 사람이 어떤 주목이나 인정도 받아서는 안된다는 것을 의미하는 것은 아니다. 교회 역사의 커다란 아이러니 가운데 하나는 사람이 하나님의 영광을 도둑질하지 않기를 가장 갈망하는 사람들은 진정한 하나님의 운동을 경험하는 경우가 거의 없다는 것이다. 이것은 분명 그들이 주님께서 자기들에게 보내신 사자들을 거부하기 때문이다. 그러면서 그들은 대개 하나님의 영광을 사람에게 주기를 원치 않는다고 주장한다. 이것이 바로 사도 바울이 담대하게 자신의 사도권을 옹호했던 이유이다. 그가 그들에게 찾아간 목적을 그들이 깨닫지 못하면 그 교회들을 향해 올바로 사역할 수 없었기 때문이다.

우리가 선지자의 상을 받으려 한다면 선지자의 이름으로 선지자를 영접해야 한다(마태복음 10:41). 우리가 선지자를 단순히 교사나 형제로 영접한다면 하나님께서 우리에게 주실 수도 있는 것을 놓치게 될 것이다. 똑같은 원리가 모든 사역에 적용된다. 우리가 목사 사역의 상급을 받고자 한다면 목사를 목사로 영접해야 한다. 복음 전도자와 교사, 혹은 사도에게도 마찬가지다. 우리가 하나님께서 우리에게 보내시는 선물을 받기 위해서는 하나님의 사자 안에 있는 하나님의 선물을 알아보아야 한다.

우리가 이미 살펴본 바와 같이, "하나님은 교만한 자를 물리치시고 겸손한 자에게 은혜를 주신다."(야고보서 4:6) 그리고 다른 사람에게서 하나님의 메시지를 받기 위해서는 겸손이 필요하다. 우리가 합당한 사자라고 간주하는 통로를 통해서만 하나님의 메시지를 받으려고 하는 것은 교만이다. 하나님은 우리에게 그의 은혜를 위임하시기 위해 이런 겸손을 찾고 계신다. 겸손이 크면 클수록 그만큼 은혜도 더 커진다. 니느웨는 요나와 그의 메시지를 받아들인 데서 특별한 겸손을 보여주었으며 그로 인해 특별한 은혜를 받았다. 1세기의 이스라엘은 그들을 창조하신 바로 그분을 거부함으로써 엄청난 영적 교만을 보여주었으며 그로 인해 니느웨가 피했던 멸망을 받았다.

겸손을 추구하는 것은 기본적이고 필수적인 추구이다. 하지만 다른 사람들이 스스로를 높이지 못하도록 하기 위해 그리스도의 몸에 경찰이 되려고 하는 자들은 끔찍한 형태의 영적 교만에 빠지게 된다. 주님께서 우리에게 공급의 통로로 보내신 사람들을 거부하는 것은 종종 우리로 하나님의 은혜를 놓치게 만든다. 사도 바울은 갈라디아 교인들이 그를 "하나님의 천사"로 영접한 것에 대해 칭찬한 바 있다. 그의 육체가 그들에게 시험거리였음에도 불구하고 그들은 그를 영접했던 것이다.

웨일즈 사람들은 바로 자기들 가운데서 성장한 사람을 하나님으로부터 온 선지자로 영접함으로써 전례없는 겸손을 보여주었다. 이런 겸손의 결과는 그에 상응하여 부어진 하나님의 은혜, 즉 너무나 강력해서 온 세상을 놀라게 한 은혜였다.

그릇되게 사람을 높이는 것과 그들을 합당하게 영접하는 것 사이에는 미묘한 차이가 있다. 주님은 이렇게 말씀하셨다. "내가 진실로 너희에게 이르노니 너희가 여기 내 형제 중에 지극히 작은 자 하나에게 한 것이 곧 내게 한 것이니라."(마태복음 25:40) 사람들이 한 나라의 대사를 존중하는 마음으로 영접하는 것은 그 나라를 존중하는 것이다. 합당한 의례를 갖춰 그를 영접하지 않는 것은 그 나라의 명예를 더럽히는 것이다. 그렇다면 우리는 주님의 대사들을 얼마나 더 큰 존경심을 가지고 영접해야 하겠는가? 누군가를 합당하게 존경하는 것과 그를 숭배하는 것 사이에는 분명한 차이가 있다.

주님은 사람들을 존중하시며 높여주신다. 실제로 그분은 사람들을 높여주시겠다고 약속하셨다. "…무릇 자기를 높이는 자는 낮아지고 자기를 낮추는 자는 높아지리라."(누가복음 18:14) 야고보는 이렇게 말했다. "주 앞에서 낮추라 그리하면 주께서 너희를 높이시리라."(야고보서 4:10) 우리 자신을 낮추는 것은 우리가 해야 할 일이고 높여주시는 것은 하나님이 하실 일이다. 여기서 그분의 말씀은 분명하다. 만약 그분이 하실 일을 우리 자신이 하려고 한다면 그분은 우리가 해야 할 일을 우리에게 대신해 주실 것이다.

그렇지만 우리의 이웃을 낮춰야 한다고 말씀하고 있는 곳은 어디인가? 그리고 목사들이나 정부 지도자들을 낮춰야 한다고 말씀하시는 구절은 어디 있는가? 그것은 가장 근본적인 교만 가운데 하나이다. 하나님께서 우리에게 보내신 사자들을 합당하게 존경하면서도 그들을 숭배하지 않는 올바른 균형점을 발견하는 것은 실로 중요한 문제이다.

웨일즈에서는, 짧은 기간 동안, 교회가 하나님의 사자들을 하나님의 종으로 영접하면서도 그들을 지나치게 의존하지 않는 균형점을 발견한 것처럼 보였다. 사람들은 뛰어난 복음전도자들을 존경했을 뿐만 아니라 주께서 사용하시기로 선택하신 가장 비천한 성도들까지도 존경했다. 그 부흥의 시기 동안에, 그들은 메신저가 누구냐에 상관없이 하나님의 선물을 인식하고 영접하는 데 빨랐다.

게다가, 뛰어난 복음전도자들이 너무나 철저하게 자신을 낮추었기 때문에 주님과 사람들은 그들을 합당하게 존중할 수 있었다. 그들은 자신에게 주어지는 관심을 사람들을 주님께로 인도하는 데 사용했다. 진정으로 성령님께 사용받는 사람들은 타인의 관심이나 존경심을 추구하지 않지만 그것은 오게 되어 있다. 따라서 그들은 사람들의 관심이나 존경심이 다가올 때 그것을 합당하게 다루기 위한 은혜를 받아야 한다.

이런 근본적인 원리들이 하나님으로 하여금 웨일즈를 특별한 부흥의 장소로 선정하실 수 있게 만든 것처럼 보인다. 우리가 연구를 계속 진행하면서 다른 것들도 살펴보게 되겠지만 이것들이야말로 웨일즈를 장래의 씨앗을 뿌리기에 너무나 좋은 땅으로 만들어준 근본적인 요인이었다. 그들은 그 씨앗을 가지고 많은 열매를 맺게 되었다.

5장
불이 임하다

11월 7일 월요일 밤, 집회에 참석하고 있던 거의 모든 사람이 감동을 받고 눈물을 흘렸다. 많은 사람들이 고통스럽게 울부짖었다. 자정 무렵에는 주님의 임재가 너무나 강력해서 거의 감당할 수 없을 지경이었다. 사람들은 그토록 깊은 회개나 그토록 깊은 기쁨을 한 번도 경험한 적이 없었다. 죄에 대한 가책으로 울부짖는 사람들과 하나님의 가까이 다가오심 때문에 미칠 듯이 기뻐 울부짖는 사람들을 도무지 분간할 수 없었다. 새벽 3시가 지나서야 비로소 집회를 마치려는 시도가 가능해졌다.

그 다음 날 저녁에는 사람들이 자리를 확보하기 위해 이른 시간부터 예배당으로 몰려 들었다. 모든 이들이 또 하나의 영적 대각성에 대한 이야기를 나누고 있었다. 모르긴 해도 또 한 번의 오순절이라고 해도 과언이 아니었을 것이다! 하지만 그날 밤에는 집회가 냉담하고 아무런 활기도 찾아볼 수 없었다. 에반과 몇몇 신실한 신자들이 필사적으로 기도하면서 거의 새벽 3시까지 남아 있었다. 왜 주님께서 그렇게 빨리 떠나버리셨단 말인가? 새벽 6시 무렵에 에반과 댄은 마침내 집에 가서 눈을 좀 붙이려고 예배당 문을 나섰다.

집에 도착하자마자, 그들은 어머니가 "나 죽네! 나 죽네!"라고 울부짖으시는 소리에 깜짝 놀랐다. 낙담한 나머지, 어머니는 그 전날 밤 일찍 집회장소를 떠나왔다. 그런데 지금 어머니가 자기 영혼 위로 갈보리의 모든 무게를 느낀다고 외치면서 고통스럽게 울부짖고 계신 것이다. 에반은 재빨리 어머니의 무거운 짐을 알아차리고 그녀와 함께 기도하기 시작했다.

나중에 에반의 어머니는 그 전날 밤 집회를 떠나 온 후 겟세마네의 냉혹한 쓰라림을 견뎌내신 주님의 고통을 느끼기 시작했다고 설명했다. 그런 주님의 고통은 심지어 그분 자신의 제자들마저도 함께 지려고 하지 않았던 것이었다. 그녀는 자신이 그토록 중요한 순간에 집에 가서 잠을 자기 위해 교회를 떠나온 것은 주님과 고통을 함께 할 기회를 거부한 것이나 다름없는 행위였다고 느꼈다. 그녀는 망연자실한 상태였다. 에반은 지혜로웠다. 그는 어머니를 위로하려고 하기보다는 오히려 회개하도록 도우려고 애썼다.

성령께서 그런 식으로 그 지역에 사는 다른 사람들에게도 역사하고 계셨다. 주님께서 실제로 집회 가운데 계셨지만 그들이 깨닫지 못하는 형태로 임하셨던 것이다. 주님은 항상 우리를 흥분시키기 위해 오시는 것은 아니다. 때때로 그분은 조용히 다가오시며 우리의 심령에 더 깊은 수술을 하기 위해 고요할 것을 요구하신다. 주님께서 우리가 잠잠히 기다리는 법을 배우기 원하시는 때가 있듯이 때로는 그분이 우리에게 말씀하고 싶어하지 않으시는 경우도 있다. 라우거(Lougor) 사람들은 주님의 메시지를 빠른 속도로 받아들였다. 이제는 에반이 사람들을 보고 놀랄 차례였다.

잠을 자기 위해 애를 쓰고 있을 바로 그때, 에반과 그의 동생은 길거리에서 들려오는 이상한 소리에 잠이 깨었다. 시간은 정각 새벽 6시였지만 길거리는 새벽기도모임으로 향하는 무리들로 시끄러웠다! 도시의 인구 전체가 에반의 어머니처럼 회개의 반응을 보이고 있었던 것이다. 지금 그들은 아주 오랫 동안 주님의 임재 속에서 다시는 잠들지 않을 기도의 무리로 변화되어가고 있었다. 지금까지 아무도 그들이 그날 아침에 본 것과 같은 광경에 대해 들어본 적이 없었다. 하지만 그들은 그보다 훨씬 더 놀라운 것들을 목격하려는 순간에 와 있었다.

11월 9일과 10일에, 에반 로버츠는 브린텍 회중교회(Brynteg Congregational Chapel)에서 설교했다. 둘째 날 밤에는 회중 전체가, 제임스 스튜어트(James Stewart)의 말을 빌리자면, "영적인 감격에 완전히 넋을 잃어버렸다."

이날 웨일즈 부흥이 세상의 신문에서 공개적으로 처음 언급되었다. 이내 웨일즈의 모든 보도기관이 전례없는 부흥을 보도하는 일에 거의 전적으로 매달리게 되었다. 얼마 지나지 않아 세계의 거의 모든 유수의 신문들이 그 소식을 입수하면서 웨일즈에서 일어나고 있는 일은 세계 거의 모든 대도시에서 제 1면 뉴스가 되었다.

다음은 11월 10일 웨일즈, 카르디프(Cardiff)의「서부 신문」(The Western Mail)에 난 짤막한 기사이다.

라우거에 몰린 엄청난 무리의 사람들
회중들이 새벽 2시 반까지 떠나지 않다

놀라운 종교의 부흥이 지금 라우거에서 일어나고 있다. 며칠 동안 라우거 출신의 에반 로버츠라는 한 젊은이가 모리아 교회에서 대단히 놀라운 일을 일으키고 있다. 그곳은 안으로 들어갈 수 없는 빽빽한 사람들의 무리에게 에워싸였다. 엄청난 흥분이 주변에 퍼진 결과, 교회가 자리잡고 있는 도로가 끝없는 사람들의 행렬로 가득하게 되었다. 웨일즈에서 설교하는 로버츠는 무슨 말을 해야 할지 모르지만 성령님과 교제하고 있을 때 성령께서 말씀하실 것이며 자신은 단지 그 지혜의 매개체에 불과하다는 말로 그의 설교를 시작한다. 그 설교자는 곧 바로 열정적이면서도 때로는 감동적인 연설 속으로 진입해 들어간다. 그의 진술은 듣는 자들에게 감동적인 영향을 끼쳐왔다. 수년 동안 기독교를 믿지 않았던 많은 사람들이 다시 젊은 시절의 우리로 되돌아가고 있다. 어느 날 밤에는 그 젊은 부흥운동가가 불러일으킨 열정이 너무나 뜨거운 나머지 2시간 동안 계속된 설교 후 엄청난 회중이 새벽 2시 반까지 기도하고 노래하면서 자리에 남아 있었다! 가게 주인들은 예배당에서 자리를 잡기 위해 일찍 문을 닫고 있으며 주석 및 금속 노동자들은 작업복을 입고 그곳으로 몰려들고 있다.

11월 11일, 모리아는 그 작은 예배당 안으로 비집고 들어가려고 하는 8백 명 이상의 사람들로 넘쳐나고 있었다. 10대 초반의 한 어린 소녀가 그곳의 느낌을 포착하여 "오, 이곳이 이토록 놀라운 곳이라면 천국은 얼마나 좋을까!"라고 표현했다.

그 다음 날 쯤에는, 기도모임들이 그 교회에 너무나 흘러넘쳤기 때문에 사람들은 도시 곳곳에서 모임을 열 수 있도록 자신의 집을 개방하고 있었다. 이른 오후 무렵에는, 수레들과 마차들이 시골 전역에서 도시로 밀려들어오고 있었다. 밤 시간에는 가정의 기도모임들조차 흘러넘쳐서 무리들은 바깥에 서서 안에서 무슨 일이 진행되는지 듣고자 신경을 곤두세우고 있었다.

복음전도자들은 이 교회에서 저 교회로, 이 가정에서 저 가정으로 급히 다니고 있었다. 구원이 마치 거대한 홍수처럼 길거리를 흘러내리고 있는 것 같았다. 이날, 유명한 가스펠 가수 샘 젠킨스(Sam Jenkins)의 노래 소리가 그 부흥집회에서 처음 들려졌다. 특별석에서 그는 "은혜로 구원받아"(Saved by Grace)라는 노래를 열정적으로 불렀으며 군중은 그 노래를 익혀 계속해서 부르고 또 불렀다. 그날 밤에, "생명줄 던져"(Throw Out the Lifeline)라는 위대한 찬송가도 그 부흥집회에서 처음 불려졌다.

그 집회들은 주일 새벽 5시까지 계속되었다. 에반은 자신의 친구

시드니를 라우거의 무리들에게 소개한 다음 잠도 자지 않고 에이버데어(Aberdare)로 떠났다. 식료품 가게들은 먼 거리에서 온 사람들이 집에 돌아가지 않겠다고 결심했기 때문에 식품이 완전히 바닥나 버렸다. 영광의 구름을 발견한 것처럼 느껴졌기 때문에 그들은 절대로 그것을 놓치려고 하지 않았다.

에이버데어의 집회들

11월 13일 주일 아침, 에반 로버츠와 18세에서 20세 사이의 젊은 여성 5명(브리스길라 왓킨스, 메어리 데이비스, 리비나 후커, 애니 M. 리스, 그리고 애니 데이비스)은 스왠시(Swansea)에서 에이버데어행 기차를 타야만 했다. 그 젊은 여성들은 가까운 고르세이논(Gorseinon) 출신이었으며 각각 성령으로 세례받은 경험을 가지고 있었다. 그들은 바야흐로 그 다음 18개월 동안 부흥의 불길을 영국 전역으로 운반해가려 하고 있었다.

그 주일 에이버데어에서 시작한 개회모임은 실망스러웠다. 그 지역의 그리스도인들은 그 부흥단원들의 연소함을 비판했으며 그로 인해 성령님께서 슬퍼하시는 것 같았다. 그렇지만 그 젊은 부흥운동가들은 쉽게 물러나지 않았다. 그들은 하나님께서 자신들을 에이버데어에 보내셨기 때문에 오직 하나님만이 자신들을 다른 곳으로 떠나보내실 수 있다고 확신했다.

다음 날 저녁, 1천 명의 사람들이 에벤에셀 회중교회로 몰려들었다. 거기에서도 주님께서 뭔가 특별한 일을 행하고 계신다는 아무런 조짐이 없었다. 그렇지만 그 다음 날에는 거의 모든 도시가 아침 기도 모임에 참석하기 위해 일을 쉬었다. 무슨 이유에선지, 그리고 누가 그렇게 하라고 말해 주었는지 아무도 모르지만 거대한 군중이 나라 전역에서 몰려들고 있었다. 아직 아무런 일도 일어나지 않았지만 기대감이 병적인 흥분의 수준에까지 도달하고 있었다. 저녁 예배에서, 에반 로버츠는 장차 위대한 부흥 찬송가 중에 속하게 될 찬송가 하나를 돌려 부르게 했다. 그 곡의 이름은 '하늘의 예수여, 승리하소서. 당신의 칼을 허리에 차소서' 였다. 즉흥적이고 자발적인 경배와 기도와 찬양이 터져나왔다. 이 모임이 영적인 절정에 도달해가고 있을 때, 에반은 큰 권위로 강력한 부흥이 웨일즈 전체에 임할 것이며 그들은 단지 그 문을 열고 있을 뿐이라고 예언했다. 에이버데어의 집회들이 끝나기 전에, 성령님이 실제로 웨일즈를 방문하셨다는 것을 영국 전체가 알게 될 터였다.

불이 번지다

에반은 에이버데어를 떠나 웨일즈 전역에 있는 20여 개 이상의 도시들과 소읍들을 찾아다녔다. 가는 곳마다 마른 장작이 이미 준비되어 있었고 그는 단순히 그 장작이 불타오르도록 불꽃을 점화시키는 역할만 했을 뿐이었다. 하나님에 대한 경외심이 모든 사람들 위에 있었고 주의 임재도 모든 곳에서 느껴졌다. 자발적인 기도모임들이 탄광들과 공장들, 학교들 및 가게들에서 시작되었다. 심지어 놀이공원들까지도 부흥운동의 군대들이 휩쓸고 지나갈 때 거룩한 경외심으로 가득찼다. 술을 주문하러 술집에 들어간 사람들은 양심의 가책과 하나님에 대한 두려움이 그들 위에 임하자 술은 거들떠보지도 않은 채 그곳을 떠났다.

끊임없는 성령의 파도가 그 나라 위를 지나가고 있었다. 그 운동이 사회에 얼마나 큰 영향을 주고 있느냐는 그 운동이 웨일즈에서 가장 인기 있는 스포츠였던 풋볼(축구)에 얼마나 큰 영향을 주었는가를 보면 알 수 있었다. 웨일즈 부흥이 터져 나올 당시에는 나라 전체가 그 스포츠에 거의 미쳐 있었다. 노동자 계급의 사람들은 강박관념에 사로잡힌 것처럼 그 한 가지만을 생각하고 이야기하는 것 같았다. 축구 경기들을 놓고 노름하는 것이 널리 성행하고 있었다. 그런데 유명 축구 선수들이 회심하여 주님께서 자신에게 행하신 놀라운 일들을 간증하기 위해 옥외 거리 집회에 합류하게 되었다. 얼마 안 있어 그 선수들은 주님께 너무나 강력하게 사로잡힌 나머지 게임에 흥미를 잃어버렸고, 팀들이 해체되었으며, 경기장들은 부흥집회를 위해 사용되지 않으면 텅 빈 채로 남아 있었다.

이 기적은 당신이 어느 주일 오후에 전국 풋볼 리그(National Football League) 경기를 보려고 TV를 켰는데 도시에 복음을 전하러 나간 관계로 경기장에 선수들이 하나도 나타나지 않고 팬들도 그곳에 가느라 경기장에 한 명도 찾아오지 않은 것에 대해 아나운서들이 힘겹게 설명하는 소리만 들리는 것에 비유할 수 있을 것이다! 아무도 스포츠나 축구를 반대하는 설교를 한 적이 없었다. 그저 사람들이 주님을 향한 너무나 강렬한 열정에 사로잡힌 나머지 잠시 동안 그런 경기들이 더 이상 선수들이나 사람들의 관심을 끌 수 없게 되었을 뿐이다.

역사적으로 볼 때, 웨일즈가 그토록 짧은 기간에 그렇게 강력한 영향을 받은 것에 필적할 만한 사건은 어디에서도 찾아볼 수 없다. 그것은 나라 전체가 하루 사이에 회심한 것이나 거의 다를 바 없는 사건이었다. 많은 사람들이 웨일즈 부흥을 교회 역사 가운데 단순히 개인들이 아니라 모든 민족을 제자 삼으라는 대 위임명령이 어떻게 성취되어야 하는지를 보여준 가장 탁월한 실례로 간주했다.

일어나고 있는 사건에 대한 소식이 널리 퍼지면서, 지구의 머나먼 지역으로부터 수많은 남녀들이 그것을 목격하기 위해 찾아왔는데, 그 사람들 가운데 자신이 발견한 것에 실망한 사람은 아무도 없었던 것처럼 보인다. 많은 사람들이 그 작은 공국의 땅을 밟자마자 주님의 임재로 인해 깊은 영향을 받았다고 증언했다. 심지어 웨일즈로부터 보내진 편지들과 전보들까지도 불을 나르는 것처럼 보였다. 그 편지들과 전보들이 개봉되어 읽혀질 때, 영혼들이 구원을 받고 부흥이 터져 나오곤 했다. 전에 이같은 일에 대해 한 번이라도 들어본 사람은 어느 누구도 없었지만, 그것은 단지 시작에 불과했다!

6장
침묵주간

라우거에 부흥이 터져 나오기 전 석 달 동안, 에반 로버츠는 계속적으로 사랑하는 웨일즈를 위해 중보하고 주님과의 더 깊은 교제를 추구하느라 잠을 거의 자지 못했었다. 이것도 역시 부흥의 열쇠인 것 같았다. 부흥의 불이 얼마나 강하게 타오르느냐에 관계없이 그들은 더 많은 것들을 위해 계속해서 기도했다.

부흥이 터져 나온 이후 여러 달 동안, 에반은 먹거나 잠잘 시간을 거의 낼 수 없었다. 수천 명의 배고픈 새 신자들이 그가 어디로 가든지 따라다녔다. 우리가 주님의 멍에를 지고 그분과 함께 일하고 있을 때, 우리의 노동은 사실 우리를 지치게 하는 것이 아니라 오히려 새롭게 한다. 그리고 사람은 초인적인 인내를 경험할 수 있다. 그렇지만 주님조차도 창조의 사역 후 안식하심으로 우리가 노동을 멈추고 정기적으로 쉬어야 한다는 원칙을 확립하셨다. 에반은 이 원칙을 어기고 여러 달 동안 쉬지 않고 강행군을 해오고 있었다. 그 결과 1905년 2

월 말 경에, 그는 거의 녹초가 되어버렸다.

하나님께서 일곱째 날에 안식하신 것은 피곤하셨기 때문이 아니다: "영원하신 하나님 여호와, 땅 끝까지 창조하신 자는 피곤치 아니하시며 곤비치 아니하시며"(이사야 40:28). 뿐만 아니라 그분은 사람을 불러 단순히 노동의 중지만을 위해 안식일을 지키라고 하시는 것이 아니라 우리의 진정한 양식의 근원 되시는 그분께 가까이 나아갈 목적으로 안식일을 지키라고 하신다. 바로 이 시기에 성령께서 에반에게 침묵주간을 가질 것에 대해 계시해 주셨다.

2월 22일, 에반은 브리튼 페리(Briton Ferry)에서 설교하기로 약속이 되어 있었지만 그렇게 하지 않기로 했다. 그 한 주간 내내, 그는 아무에게도, 심지어 친척들에게도 아무런 말도 하지 않은 채 침대 곁에 머물러 있었다. 그는 존스(Jones) 부부의 집에 묵고 있었는데, 그 부부는 그를 만나기 위해 세계 각지에서 온 유명한 설교자들과 신문 기자들을 포함하여 수백 명의 사람들을 충실하게 물리쳐 주었다.

부흥이 전례없는 클라이막스에 도달하고 있는 바로 그 시점에 이루어진 그런 침묵주간은 부흥만큼이나 세상을 놀라게 만들었다. 그런 대단한 하나님의 운동을 이끄는 지도자가 어떻게 그 운동의 절정에 도달해 가고 있는 바로 그 시점에 완전히 조용한 곳으로 물러날 수 있단 말인가? 하지만 에반은 자신이 부흥의 근원이 아니라는 것과 주님의 임재가 사라지면 자신과 다른 복음전도자들이 아무리 열심히 애를 쓴다 하더라도 모든 것이 끝나버린다는 것을 알았다. 순종이 제사보다 더 중요하다. 에반은 감히 주님의 마음을 상하게 하느니 차라리 그를 만나겠다고 고함쳐대는 세계의 가장 유명한 설교자들과 기자들의 마음을 상하게 하고자 했다. 이것이 바로 진정한 영적 리더십의 기초이다. 가장 위대한 영적 지도자는 주님을 가장 가까이 따르고 사람보다 주님을 더 경외하는 사람이다.

또 다른 네 가지 원리들

에반은 그 주간에 주님과의 만남 속에서 일어난 일을 공개적으로 밝히지 않았다. 하지만 모든 사람은 그가 그런 한적함의 기간을 통해 훨씬 더 강력한 기름부음으로 나타난 것을 알아차렸다. 이 시간 동안 기록한 개인 일기에서, 에반은 다섯째 날에 자신이 전적으로 붙잡아야 하는 4가지 단순한 원리들을 적어두었다(이 원리들은 부흥을 위한 4가지 원리들과는 구분되어야 한다. 이것들은 에반 개인을 위한 것이었다). 그 원리들은 다음과 같은 것들이었다. 그 자신의 언어로 쓰여 있었다:

1) "첫째, 나는 하나님이 말씀하시고 명령하시는 모든 것을 행하는 데 큰 주의를 기울이고 오직 그것만을 행해야 한다. 모세는 바위를 침으로써 이점에서 실패했다."

2) "둘째, 아무리 사소한 것이라도 모든 문제를 기도 가운데 하나님께 가져가라. 여호수아는 여기에서 넘어졌다. 그는 아주 가

까이 살고 있으면서도 먼 나라에 살고 있는 것처럼 가장한 기브온 족속과 언약을 맺어버린 것이다."
3) "셋째, 성령님께 순종하라."
4) "넷째, 모든 영광을 그분께 돌리라."

이 주간의 6일째 되는 날, 에반은 그의 일기장에 주님으로부터 온 개인적인 예언을 기록해 두었다:

보라, 나는 너를 깊은 데서 끌어올린 여호와다. 내가 지금까지 너를 붙들어 주었노라. 네 눈을 들어 들판을 바라보라. 보라, 들판이 희어졌도다. 내가 굳이 너에게 대적 앞에서 상을 펼치게 하랴? 여호와께서 말씀하시느니라. 나의 삶을 두고 말하노니, 하늘의 창문들이 열릴 것이며 비가 메마른 땅에 내릴 것이다. 광야가 꽃들로 장식될 것이며 초원이 왕들의 거처가 될 것이다. 땅이 충만함으로 싹을 내고 꽃피울 것이며 하늘은 웃음을 띠고 땅의 감추인 부(富)를 내려다보며 하나님께 영광을 돌릴 것이다. 네 손을 펼치라, 내가 능력으로 채울 것이다. 네 입을 열라, 내가 지혜로 채울 것이다. 네 마음을 열라, 내가 사랑으로 채울 것이다. 서쪽을 바라보며 수천의 사람들을 부르라. 남쪽을 바라보며 "오라" 말하라. 북쪽을 바라보며 "가까이 오라" 말하라. 동쪽을 바라보며 "태양은 떠올라 온기를 발할지어다. 생명은 솟아날지어다. 내 이름을 거절한 열방이여, 살아나라."고 말하라. 왕들에게 몸을 돌려 "굴복하라"고 말하라. 기사들에게는 "복종하라"고, 제사장들에게는 "심판과 긍휼과 용서를 분배하라. 너희 섬들과 바다들과 나라들아, 나에게 귀를 기울이라. 나는 전능자니라. 내가 나의 막대기를 네 위로 들어 올리랴? 내가 선지자 이사야로 이렇게 맹세하지 않았느냐? "내가 나를 두고 맹세하기를 나의 입에서 의로운 말이 나갔은즉 돌아오지 아니하나니 내게 모든 무릎이 꿇겠고 모든 혀가 맹약하리라."(이사야 45:23)

예언적인 순종

나중에 친구들에게 소위 "침묵"의 주 목적에 관해 질문을 받았을 때, 에반은 이렇게 설명했다. "그것은 내 생각이나 몸이 쉬기 위한 것이 아니라 표적(sign)을 받기 위한 것이었다. 내가 주님께 7일간의 침묵의 목적이 무엇이냐고 물었을 때, 그분은 분명하게 대답하셨다. '너의 혀가 7일 동안 묶였던 것처럼 사탄도 7번 묶일 것이다.'"

그런 예언적인 표적들은 자연적인 이성으로는 알 수 없는 수수께끼이다. 이스라엘 왕이 아람군대에 대항하여 싸워야 하는지 엘리사에게 물으러 왔을 때, 그 선지자는 그에게 활과 화살로 땅을 치라고 말했다. 왕이 땅을 세 번밖에 치지 않자, 선지자는 화가 났으며 왕이 땅을 다섯 번이나 여섯 번을 쳤더라면 대적을 완전히 진멸했을 것이라고 단언했다. 그러나 그가 땅을 세 번밖에 치지 않았기 때문에, 그는 대적을 세 번밖에 쳐부수지 못하게 되었다(열왕기하 13:14-19을 보라). 활과 화살을 가지고 땅을 치는 것이 왕의 임박한 전투와 무슨 관계가 있었는가? 사탄이 7번 묶이기 위해 왜 7일간의 침묵이 에반 로버츠에게 필요했는가? 영적인 세계는 자연적인 세계보다 훨씬 더 거대하다. 겉보기에 가장 하찮아 보이는 성령의 감동일지라도 그것에 대한 순종은 자연적인 이성으로는 도저히 이해할 수 없는 영적 세계에서 중요한 의미를 가질 수 있다.

하나님의 도(道)를 자연적인 이성으로 이해하려고 하는 자들은 영적인 장애물에 걸려 넘어질 것이다. 주님은 이사야를 통해 우리에게 이렇게 경고하셨다.

여호와의 말씀에 내 생각은 너희 생각과 다르며 내 길은 너희 길과 달라서 하늘이 땅보다 높음 같이 내 길은 너희 길보다 높으며 내 생각은 너희 생각보다 높으니라(이사야 55:8-9)

하나님의 위대한 운동들에는 성령의 일하시는 방식에 대한 고도의 순종이 요구되지만 육신이 성령을 대적하여 전쟁을 벌이기 때문에 많은 사람들이 이 장애물을 뛰어넘지 못한다. 오직 성령만이 성령에 속한 것을 낳을 수 있다. 에반 로버츠는 영향력을 얻기 위해 멋지게 차려입을 필요가 없었다. 그는 교회성장의 원리를 거의 다 어겼다. 그는 교육받지도 못했고 언변이 유창하지도 않았다. 그가 가진 재산이라곤 기름부음뿐이었다. 그리고 그것이야말로 그에게 필요한 전부였다! 성령을 신뢰하는 사람들은 전적으로 성령을 의지한다. 성령께서 임하지 않았다면 에반에게는 기댈 언덕이 아무것도 없었다. 그는 믿을 만한 프로그램도 없었고 분위기를 달궈놓을 수 있는 여분의 설교도 없었다.

우리가 가진 것이 성령밖에 없을 때는 성령에 대한 순종이 전부가 된다. 그러나 이 정도까지 주님을 신뢰하고자 했던 사람은 거의 없었으며, 그로 인해 진정한 부흥을 목격한 사람도 거의 없었다. 주님께서 우리의 모임에 나타나시지 않으면, 우리는 어떻게든 상당히 멋진 프로그램을 진행하는 것이 보통이다. 어떤 계획이나 프로그램이 성령의 대체물로 사용되지만 않는다면 그것 자체가 잘못된 것은 아니다.

언젠가 어느 유명한 복음전도자가 말했듯이, "주님께서 많은 교회들을 완전히 떠나버린다 하더라도 그들은 결코 그것을 깨닫지 못할 것이다." 하지만 그분의 임재를 맛본 사람들은 단순한 프로그램만으로는 결단코 만족할 수 없다. 그들은 주님을 소유해야만 만족할 것이다.

기름부음의 부족을 메꾸기 위한 대용물로 등장한 과대광고와 조종, 그리고 많은 프로그램들이 교회를 지치게 만들고 라오디게아적인 미지근함의 영을 널리 퍼뜨려 놓았긴 했지만, 주님 자신을 향한 배고픔이 다시 한 번 일어나기 시작하고 있다. 이 시대의 마지막에 등장할 교회는 첫 사랑으로 되돌아갈 것이다. 교회가 주님께 가까이 가고자 하는 열망이 너무나 클 것이기 때문에 결국 그분이 교회에게 가까이 다가오시게 될 터인데, 그 규모가 너무나 거대한 나머지 그 위대한 웨일즈 부흥조차도 다가오는 부흥의 맛보기에 불과했음을 모든 사람이 알게 될 것이다.

7장
사역자들과 예배

웨일즈 부흥 기간에, 사람들은 복음전도자들과 사역자들을 사랑하고 존경했지만 궁극적으로는 하나님을 만나기 위해 집회에 나왔다. 그들은 복음전도자가 있을지 없을지도 모른 채 교회들이 넘칠 정도로 몰려들었다. 때때로 에반 로버츠는 집회를 시작한 후 3시간 동안이나 아무 말 없이 앞좌석에 앉아 있곤 했다. 그러다가 자리에서 일어나 약 10분이나 15분 정도 설교나 기도를 하고는 다시 자리에 앉곤 했다. 그런가 하면 어떤 때는 집회 시간 내내 설교나 기도만 하는 경우도 있었다. 또 다른 경우에는 집회 시간 내내 조용히 자리에 앉아 있기도 했다. 에반이 어떻게 하든지 상관없이, 사람들은 성령의 감동 하에 꾸준히 적응해 나갔다.

부흥 기간 동안, 독창자들과 2중창 가수들, 그리고 특별 가수들이 있었지만 그들이 어디에서 노래할 것인지 공지하는 경우는 거의 없었다. 때때로 그들은 노래하기를 기대하면서 어떤 장소에 갔지만 성령께서 다른 계획을 가지고 계실 경우에는 그냥 조용히 있거나 기도만 하곤 했다. 그들의 사역을 목격한 사람들은 그들이 노래할 때면 그 노래 가운데 성령님이 계셨다고만 증언했다.

그것은 주 예수 그리스도께서 친히 중심이 되시고 주된 관심의 대상이 되신 부흥이었다. "그분이 성전에 계시다는 소식이 널리 전파되었다." 그 젊은 사역자들은 성령께서 예수 그리스도를 증거하시기 위해 오시기 때문에 복음전도자나 복음전도팀이 관심의 초점이 된다면 그 모임 속에서 진정한 성령의 능력과 잠재력을 놓치게 된다는 것을 알았다.

에반 로버츠는 자신이 인기 있다는 것을 알았지만 유명세를 두려워했다. 그는 그것이 웨일즈 부흥의 참 근원되신 분으로부터 관심을 분산시킨다고 느꼈다. 그가 신문기자들을 두려워한 것은, 그들이 오늘날과 마찬가지로 회의적이고 냉소적인 사람들이었기 때문이 아니라 그들의 지나친 찬사가 두려웠기 때문이었다!

몇 번이고 에반은 사람들이 주님을 만나기 위해서가 아니라 그를 보고 그의 말을 듣기 위해 나온다고 느껴지면 모임으로부터 물러나와 몸을 숨겼다. 자기 자신이 관심의 초점이 되어 있다고 느껴지는 집회들 가운데 있을 때면, 그는 사람들에게 그리스도와 오직 그분께로만 눈을 돌리라고 고통스런 마음으로 호소했으며, 그렇지 않으면 성령께서 그들로부터 떠나 자신을 숨기실 것이라고 그들에게 탄원했다.

비록 에반 로버츠는 그 당시에 세계에서 가장 유명한 설교자가 되었긴 했지만 기자들이 지구 반대편에서 왔다고 해도 그들과 인터뷰하기를 거절한 경우도 종종 있었다. 그는 자신의 친 가족들이 아니면 누구도 자신의 사진을 찍지 못하게 했다. 그는 그 영적 각성이 자신이 아니라 하나님께로부터 온 것이며 만약 사람들이 자신을 우상화하면 영광이 거두어질 것이라고 계속해서 거듭거듭 강조했다. 그는 세계 곳곳의 출판사들이 그에 관한 전기를 쓰기 위해 보내오는 수많은 요청에는 응답조차도 하지 않았다. 그는 그런 일을 하다가 혹시나 오직 주님께만 돌아가야 할 영광의 아주 작은 부분이라도 도둑질하지 않을까 몹시 두려워했다.

말을 해야 하는가 하지 말아야 하는가

성령님의 인도를 받기 위해서는 말을 해야 할 때도 알아야 하지만 말을 하지 말아야 할 때도 알아야 한다. 에반 로버츠는 이점에 있어서 주님께 대단히 민감하게 반응한 사람이었다. 집회 중에 그는 종종 사람들 사이에서 한 마디 말도 하지 않고 앉아 있곤 했다. 세계 각지에서 온 방문객들은 그가 혼잡한 모임들을 전적으로 사람들이 성령님께 민감하게 반응하면서 찬양과 기도와 간증으로 이끌어 갈 수 있도록 허용하는 것을 보고 깜짝 놀랐다.

당대의 저명한 기독교 지도자인 F.B. 마이어는 에반 로버츠가 집회들을 진행하는 모습을 지켜 본 다음 이렇게 설명했다: "그는 하나님의 성령보다 앞서 가려고 하지 않으며 성령께서 자신을 감동하고 계신다는 완벽한 확신이 없으면 기꺼이 옆에 서 있거나 눈에 띄지 않는 곳에 머물러 있으려고 한다." 그런 다음 그는 또 이렇게 덧붙였다. "그것은 우리 모두가 배워야 할 심오한 교훈이다!" 말을 하지 말아야 할 때를 아는 자는 말을 할 경우에 더 큰 권위를 가지고 말하게 될 것이다.

지구의 사면 방방곡곡에서 온 기독교 지도자들은 부흥의 광경을 목격할 때 두려움에 사로잡힌 나머지 하나님께 엎드려 경배했다. 윌리엄 부스(William Booth) 장군과 방랑사역자 스미스(Smith), F.B. 마이어, 캠벨 몰간(G. Campbell Morgan), 그리고 다른 많은 저명한 하나님의 사람들이 찾아와서는 그 놀라운 방문사건에 경탄을 금하지 못했다. 대부분의 경우, 그들은 아무 말 없이 기도만 하거나 짧게 몇 마디 하는 것이 전부였다. 때때로 그들은 젊은이들과 심지어 어린아이들이 성령 안에서 기도하고 노래하고 간증하는 동안 집회 가운데 조용히 앉아 있기도 했다. 그곳을 방문한 하나님의 사람들은 한결같이 그것이 위대한 설교자나 위대한 설교를 통해 시작된 부흥이 아니라 그런 것들과는 전혀 상관이 없는 초자연적인 역사라는 것을 금방 알아차렸다.

명예롭게도, 이 사람들 대부분은 자신의 개성이 실제로 모임들을 방해한다는 것을 재빨리 알아차리고는 성령님께 순복했다. 위대한 설교는 하나님의 말씀을 사랑하는 모든 사람의 사랑을 받는다. 하지만 그 위대한 설교자들은 자신의 설교가 한 번도 웨일즈에서 대면한 것과 같은 압도적인 주님의 임재를 가져온 적이 없었다는 것을 알았다.

어린아이들이 하나님 나라에 들어가다

우리가 살고 있는 바로 이 시대에 어린아이들과 청소년들을 주님의 법도로 무장시키고 훈련할 뿐만 아니라 심지어 아주 어린 아이들까지도 그리스도의 몸에 반드시 필요한 일원으로 바라보는 거대한 운동을 우리는 목도하고 있다. 이 운동은 주님으로부터 온 것이므로 중요한 것이지만 웨일즈 부흥은 전혀 다른 것이었다. 웨일즈에서는 주의 법도로 부모들을 무장시키고 어른들을 훈련하려고 했던 자들이 다름 아닌 어린아이들과 젊은이들이었다. 주님은 우리가 하나님의 나라에 들어가려면 어린아이처럼 되어야 한다고 말씀하셨다. 우리가 그들에게 가르칠 내용보다 그들이 우리에게 가르칠 내용이 더 많을지도 모른다!

부흥이 터져 나왔을 때 에반 로버츠는 20대 중반에 불과했다. 그 사역에서 대단히 중요한 일부분을 담당했던 그의 여동생 메어리(Mary)는 16살이었다. 그의 형제인 댄(Dan)과 메어리의 장래 남편인 시드니 에반스(Sydney Evans)는 모두 20세쯤 되었다. 강력하게 쓰임받은 "찬양하는 자매들"은 18세와 22세 사이였다. 수천 명의 젊은이들이 회심하자마자 즉시 그 나라 전역으로 퍼져서 하나님의 영광을 증거했다. 작은 아이들이 자기들만의 기도모임을 갖고 심지어 가장 강퍅한 죄인들에게까지도 담대하게 복음을 증거했다. 교회들은 어린아이들로 차고 넘쳤다.

예배

새로운 형태의 예배를 낳는 즉흥적이고 자발적인 예배는 대개 진정한 부흥운동의 시기에 나타난다. 그것은 웨일즈 부흥의 경우에도 마찬가지였다. 그 부흥의 시기에 강력한 예배 인도자가 한 사람밖에 없었다면 아마 그런 일은 일어날 수 없었을 것이다. 강력한 예배 인도자들이 있었지만 그들은 그 부흥이 새로운 수퍼스타를 만들어내기 위한 것이 아니라 예수님을 영화롭게 하기 위한 것임을 이해하고는 그에 순복했다. 이것 때문에 성령님은 전에는 한 번도 알려지지 않았던 새로운 노래들과 심지어 새로운 형태의 예배까지도 출산하실 수 있었다.

지금 오순절운동이나 은사운동으로부터 기원한 것으로 여겨지는 현대적 스타일의 예배는 대부분 사실은 웨일즈에서 생겨난 것이었다. 웨일즈 부흥의 커다란 공헌들 중 하나는 "성령 안에서 노래하는 것"이라 불리는 새롭고 즉흥적인 자발적 형태의 예배였는데, 그것은 그 이후 다가오는 수십 년 동안 성령께서 임재하실 때의 한 특징이 되었다. 그 부흥운동의 지도자였던 R.B. 존스는 음악에 대해서 이렇게 언급했다:

> 사실, 그것은 들어보지 않으면 상상이 안 가고, 들어 봐도 뭐라고 설명할 수가 없다. 찬송가책도 없었다. 아무도 찬송가를 가르쳐 주지도 않았다. 어느 누구든지 노래를 시작하곤 했는

데, 시작된 그 찬양이 당시의 분위기와 조화되지 않은 경우는 거의 없었다. 일단 시작되면, 마치 동시적인 자극을 받아 움직여지는 것처럼, 전 회중이 그 찬양을 이어 받아 노래를 불렀는데, 흡사 그 다음에 불려질 것을 벌써 알고 있기나 하듯, 그리고 눈에 보이는 리더의 지휘봉에 반응하고 있기나 하듯 그렇게 조화롭게 진행되었다. 나는 그와 같은 것을 한 번도 본 적이 없었다. 내 앞에서 천명이나 천 오백명의 사람들이 머리는 무수히 많지만 단일한 영혼을 가진 한 사람으로 융합되는 것처럼 느껴졌다. 분위기와 목적이 너무나 완벽한 조화를 이루고 있어서 그 자체가 오직 하나님의 성령에 의해서만 이룩된 하나됨이라는 것을 웅변적으로 증거해 주고 있었다. 또 다른 증인은 이렇게 증거했다: "기도와 찬양 모두 놀라웠어요. 오르간이 필요 없었죠. 슬퍼하기도 하고 기뻐하기도 하는 일천 명의 심령들이 타고난 멜로디로 소리를 표출했기 때문에 그 모임 자체가 오르간이었습니다."

그들은 법궤 운반법을 알았다

언약궤는 고대 이스라엘 민족에게 하나님의 임재를 상징했다. 구약의 법궤 이야기들 속에는 우리가 주님의 임재를 어떻게 다루어야 하고 어떻게 다루어서는 안 되는지에 관한 놀라운 교훈들이 많이 있다. 법궤가 거룩하게 다루어지고 그들보다 앞서 전쟁터로 옮겨질 때, 크고 기적적인 승리가 주어졌다. 법궤가 거룩하게 다루어지는 것이 아니라 행운을 가져오는 부적처럼 사용되었을 때, 그들은 전쟁에 패배하였고 법궤는 대적에게 탈취당하면서 상실되었다.

웨일즈 부흥이 그렇게 밝게, 그리고 그렇게 오랫동안 타오른 가장 큰 이유들 중 하나는 지도자들이 하나님의 임재라는 "법궤"를 운반하는 법을 알았다는 것이다. 그들은 주님의 인도하심에 계속적으로 마음을 열고 순복하는 법과 성령님의 마음을 상하게 하지 않는 법을 알았다. 이 부흥에서 아주 강력하게 쓰임 받은 자들은 사람들의 관심을 구주되신 그분이 아니라 자기 자신들에게로 돌이킬 만한 말이라면 그 어떤 말도 하려고 하지 않았다.

시편 25:14은 "여호와의 친밀함(비밀)이 경외하는 자에게 있음이여"라고 말씀하고 있다. 그들은 그분의 가장 깊은 비밀들을 알 수 있을 만큼 하나님께 가까이 가기를 원했다. 그래서 그들은 그분께 합당한 공경을 드리는 법을 배웠다. 주님을 향한 큰 사랑과 더불어, 그들은 그분의 마음을 상하게 하지 않으려는 깊고도 거룩한 두려움을 가지고 있었다. 그들은 그 임재의 법궤를 사랑했고 또 그것이 없이는 만족할 수 없었지만 동시에 그것을 대단히 공경한 나머지 그것을 올바로 다루는 법을 배웠다.

그 위대한 영적 각성에는 아무런 사역의 건물도 없었고 사람을 자랑하는 것도 없었으며 오직 주님만 있었다. 주님의 영광이 정말로 질그릇에 머물 때 관심의 대상이 되는 것은 그 그릇이 아니다! 우리는 다음과 같은 베드로의 경고에 주의를 기울여야 한다: "그러므로 하나님의 능하신 손 아래서 겸손하라 때가 되면 너희를 높이시리라"(벧전 5:6). 다시 말하거니와, 자신을 낮추는 것은 우리의 책임이고 높이시는 것은 하나님의 책임이다. 우리가 그분의 일을 하려고 하면 그분은 우리의 일을 하실 것이다!

웨일즈 부흥의 지도자들이 자신을 낮추는 일에 너무나 헌신되어 있었기 때문에, 하나님은 그들은 높이실 수 있었다. 그들을 자신의 사역단체를 세우기 위해 편지를 발송하려고 하지 않았다. 그래서 주님께서 전 세계 거의 모든 주요 신문의 1면을 사용하여 그분이 웨일즈에서 행하고 계시는 일에 관한 소식을 널리 퍼뜨렸다. 사람들이 그분의 높이심을 견딜 만큼 충분히 겸손한 것을 확인하시자마자 그분은 그들을 높이셨다.

우리는 스스로를 높임으로써 영향력을 세울 수 있겠지만 하나님은 자기 자신을 높이지 않는 사람들만 높이실 것이다. 스스로를 높임으로 인해 세워진 것은 인간적인 노력에 의해 유지되어야 할 것이다. 하나님으로 집을 세우시게 하는 자들은 쉬운 멍에와 가벼운 짐을 짊어진 것이다. 하나님으로 사역을 세우시게 하는 자들은 사역 때문에 지치는 것이 아니라 그 안에서 소생케 될 것이다.

하나님께서 세우시는 것은 어떤 인간도 무너뜨릴 수 없다. 하나님의 일을 하고 있을 때, 우리는 스스로를 높임으로 인해 세운 자들이 짊어져야 하는 걱정과 두려움을 짊어지지 않게 된다. "무릇 하나님의 행하시는 것은 영원히 있을 것이라."(전도서 3:14을 보라) 하나님이 시작하시는 일의 열매는 영원할 것이다. 스스로를 높임으로 인해 세워진 일은 필연적으로 비극과 실망으로 끝나게 된다. 웨일즈 부흥 자체의 고귀한 상태는 지속되지 못했음이 분명하지만 그것이 남긴 몇 가지 열매는 사라지지 않고 남아 있었다. 웨일즈 부흥은 전 세계 교회 안에 오늘날까지도 영향을 미치고 있는 많은 하나님의 법도를 나누어 줄 수 있었다.

부흥 그 자체가 우리의 목표가 되면 거의 달성되지 못한다. 왜냐하면 부흥이 우상이 되기 때문이다. 부흥 그 자체는 결코 우상이 되어서는 안 되며 훨씬 더 높은 목적에 도달하는 수단이 되어야 한다. 그 목적은 곧 주의 영광이 드러나고 그의 나라가 확장되는 것이다. 때때로 그의 나라는 부흥보다는 다른 수단에 의해 확장되기도 한다.

틀림없이 우리에게는 더 많은 진정한 부흥들이 필요하지만 심지어 그런 부흥들까지도 그분의 계획이 무엇이든지 그것에 대한 단순한 순종의 토대 위에 세워진다. 게다가 그분의 모든 계획이 단순히 부흥만을 중심으로 움직여지는 것은 아니다. 교회의 일상적인 순종과 진정한 영적 성숙을 향한 성장은 하나님의 목적을 성취함에 있어서 강력한 부흥 사건들만큼이나 중요하다. 주의 임재의 구름이 떠올라 움직이기 시작할 때, 우리는 그분과 함께 움직일 준비를 해야 한다. 하지만 구름이 움직이지 않을 때는 우리가 그분 안에 머물러 있는 것이 움직여 가는 것만큼이나 중요하다.

8장
그들은 기도하며 영혼을 구원했다

많은 복음전도자들은 자신을 중보자라고 부르는 사람들이 실질적인 행동은 거의 하지 않는다고 불평한다. 그와 비슷하게 중보자들도 다른 사역자들이 충분히 기도하지 않는다고 힐난하곤 한다. 때로는 양편이 다 옳을 수도 있다. 하지만 일을 수행하는 사람들은 그들을 위해 기도하고 있는 사람들 없이는 아마 그 정도의 성취를 거의 이뤄내지 못할 것이며, 기도하는 사람들 역시 주님께 쓰임받기 위해 성령님께 응답하는 사람들이 없다면 기도의 응답을 목격하지 못할 것이다. 웨일즈 부흥뿐만 아니라 실제로 거의 모든 진정한 부흥에는 기도와 행함의 놀라운 결합이 존재한다. 사실, 이 부흥에서는 가장 많이 기도하는 자들이 또한 가장 많은 일을 행하는 경향을 가진 자들이었다.

확실히 웨일즈 부흥은 기도와 중보에 대한 헌신으로 출산되었고 또 진행되었다. 이것은 이내 전 세계 기독교 공동체 곳곳으로 확산될

만큼 놀라운 공헌 가운데 하나가 되었다. 오늘날의 몇몇 위대한 기도 운동들 속에서 계속적으로 타오르고 있는 불은 상당 부분 웨일즈 부흥의 시기에 붙여진 불에서 그 기원을 찾을 수 있을 것이다. 기도와 찬양은 대부분의 집회들 속에서 하나로 어우러졌다. 제임스 스튜어트(James E. Stewart)는 이렇게 기록했다:

> 하늘을 가른 것은 기도였다. 바로 그곳에서, 바로 그때, 직접적인 응답을 받는 기도가 하늘을 갈랐다. 중보의 영이 너무가 강력하게 부어져서 전 회중이 여러 시간 동안 동시에 참여하곤 했다! 낯선 사람들은 젊은이들과 배우지 못한 자들이 하나님의 성령으로 은혜의 보좌에까지 휩쓸려 올라가 그렇게 강력한 열정과 지성으로 기도하는 소리를 듣고 깜짝 놀랐다. 예배와 경배가 끝이 없었다. 기도의 응답이 그들의 바로 눈앞에 나타나면서 찬양이 간절한 기도와 하나로 어우러지기 시작했다. 종종 사랑하는 사람들 가운데 구원받지 못한 자들이 중보의 초점이 될 경우에는, 그들이 뭔가에 이끌린 채 바로 그 집회에까지 와서 구원을 받을 정도였다!

이것이 경배와 중보의 불을 더 세차게 타오르게 만들었다. 하나님께서 실제로 자신의 기도를 들으신다는 것을 신자들이 알게 되자 기도는 급속히 삶의 가장 큰 우선순위의 자리로 올라갔다. 더 큰 믿음으로 기도할 때, 그들은 신속한 응답이 임하는 것을 보기 시작했다. 그들이 점점 더 구체적인 간구의 제목으로 기도하게 되자, 응답은 훨씬 더 놀랄 만한 방식으로 오기 시작했다. 그들이 한 집회에서 특정 친구들이나 가족들을 위해 기도하면 그 사람이 다음 집회에서 구원받기를 구하면서 제단앞에 나오곤 했다. 이런 일이 중보의 불을 훨씬 더 강렬해지게 만들곤 했다. 그리고 그것은 분명 부흥의 불길을 더욱 가속화시켰다.

전에는 단조롭고 지루했던 기도모임이 도시 전체의 주된 관심사가 되었다. 모임들은 사람들과 기름부음으로 흘러넘칠 정도로까지 증대되었다. 기도하는 것이 모든 사람의 첫 번째 갈망이 되면서 정기 예배로 예정되었던 모임들이 신속히 기도모임들로 변했다. 걸어서 출근하는 무리들이 기도하기 시작하면 이내 점점 더 많은 무리들이 그 기름부음에 이끌려 그들과 합세하곤 했다.

자발적인 기도모임들이 가게들과 가정들에서 시작되었으며, 심지어 일꾼들이 기도할 수 있도록 공장들이 문을 내리는 경우까지 있었다. 부흥이 절정에 달하자, 도시의 전 인구가 인근지역을 행진하면서 그 지역에 대한 그리스도의 주권을 주장하기 위해 모이고 있었다. 한 도시의 전 주민이 이웃 도시에까지 행진해 가서 그 도시를 위해 기도하면 결국 그곳에서도 부흥의 불길이 타오르곤 했던 적이 여러 번 있었다. 이런 부흥은 기도의 능력을 발견하는 것보다 믿는 이들을 더 활성화시킬 수 있는 것은 거의 없다는 증거가 되었다.

그들은 영혼을 구원했다

이 부흥에서 기도의 주된 초점은 항상 잃어버린 자들을 위한 것이었다. 영혼구원 없는 부흥이란 결코 존재할 수 없는 것인데, 잃어버린 영혼을 구원함에 있어서 웨일즈 부흥은 모든 시대를 통틀어 가장 강렬하고 가장 효과적인 부흥운동 가운데 하나로 간주되어야 한다. 하지만 오로지 복음전도만을 위한 메시지나 모임은 없었던 것처럼 보인다. 구원 사건들은 대부분 당시 모든 신자들에게 있던 불 때문에 온 것이었다.

이 부흥은 몇몇 설교자들이나 전도 집회를 사용하여 주 예수의 구원의 은총을 증거하는 교인들을 늘려가기 위한 프로그램이 아니었다. 잃어버린 자들에게 다가가는 법을 가르치는 강의도 없었다. 그것은 그저 웨일즈의 모든 그리스도인들이 잃어버린 자들을 향해 타오르는 번민으로 동시에 터져 나온 것 같았다. 믿는 자들은 구원의 기쁨을 도저히 억누를 수가 없어서 모든 탄광과 시가전차, 사무실, 학교, 혹은 가게를 복음의 강단으로 만들어버렸다. 단순한 설교를 훨씬 뛰어 넘어, 평범한 신자들의 증거가 수천 명의 사람들을 예수 안에 있는 구원의 믿음으로 인도했다. 복음증거에는 딱히 정해진 패턴이 없었고 단지 구주를 아는 자들 안에 가둬놓을 수 없었던 넘치는 기쁨과 믿음으로부터 그냥 출산되어져 나왔다.

주님의 임재가 웨일즈에 너무나 강력해서, 단지 부흥의 현장을 보기 위해 땅끝에서부터 여러 주나 여러 달을 여행하여 찾아온 자들은,

비록 에반과 댄 로버츠나 시드니 에반스를 보지 못하더라도 그 부흥 집회들 중 어느 한 집회에만 참석해도 힘들게 여행한 보람이 있다고 말했다.

감리교도들은 그것이 한 세기 전 웨슬리 집회들 가운데 나타난 부흥이었다고 주장했다. 웨일즈 사람들은 예배장소를 떠나면 놀라운 일을 놓칠까 두려워한 나머지 거의 잠을 이루지 못했다. 많은 경우에 집회들은 새벽 두세 시까지 계속되었으며, 때로는 도시나 소읍의 전 주민이 포함되기도 한 사람들이 하나님의 어린 양을 찬양하면서 길거리를 행진할 때까지는 끝나지 않았다!

불신자가 그렇게 저항할 수 없는 증거를 피한다거나 사람들의 순수한 사랑과 열정에 이끌려 집회 가운데 나오지 않는다는 것은 전혀 있을 수 없는 일이었다. 사랑에 빠진 사람은 생각과 대화가 온통 상대방 연인에 대한 것으로 가득차기 때문에 그런 사람을 알아보는 것은 아주 쉬운 일이다. 마치 그런 것처럼 웨일즈는 예수님과의 사랑에 너무 깊이 빠진 나머지 그들은 그분을 사모하는 가운데 그들의 관심을 사로잡을 수 있는 다른 어떤 것보다 그분의 이름을 높였다. 물이 바다를 덮음같이 주님을 아는 지식이 웨일즈를 휩쓸었다. 예수님이 높임을 받으실 때, 모든 사람들이 그분에게 나왔다.

에반 로버츠와 그의 적은 무리, 즉 부흥의 주된 점화자들인 동시에 운반자들로 여겨졌던 무리가 추구했던 궁극적인 목표는 웨일즈에서 10만 명의 영혼들이 그리스도께 돌아오는 것이었다. 이 숫자는 첫 3개월 만에 초과달성되었으며, 웨일즈에서만 구원받은 최종적인 숫자는 십중팔구 그 숫자의 여러 배에 달했을 것이다. 하지만 사람들과 사역자들이 단지 열매가 아니라 전적으로 주님께 초점을 맞추었기 때문에 아무도 회심자의 숫자를 기록하지 않았다. 영국제도 전체에서 더 많은 사람들이 구원의 길로 돌아왔으며, 웨일즈 부흥에서 타오른 불길의 직접적인 결과로 전 세계에서 그리스도께 자신의 삶을 드린 숫자는 가히 헤아릴 수 없을 것이다.

지상 대명령이 단지 개인들이 아니라 모든 민족을 제자 삼으라는 것이었듯이, 웨일즈 부흥은 복음으로 한 민족을 변화시켰는데, 그 점에 있어서 그와 필적할 만한 사건은 역사상 유례를 찾아볼 수 없다. 앞으로 언급되겠지만, 그것은 웨일즈에서 성취되지 않았더라면 거의 모든 사람이 불가능하다고 여길 만한 차원에서 이루어졌다. 웨일즈 부흥은 오늘날까지 다른 모든 부흥운동들을 평가하는 표준이 되었고, 오늘날까지 많은 측면에서 웨일즈 부흥에 필적할 만한 부흥은 결코 존재하지 않았다. 하지만 이제 곧 존재하게 될 것이다!

9장
세계가 놀랐다

성경과 역사를 통틀어 거의 모든 위대한 부흥과 하나님의 운동은 한 개인에 의해 점화되었지만 그 중의 어떤 운동도 단지 한 사람에 의해 진행된 경우는 없었다. 웨일즈에서도 마찬가지였다. 거의 모든 사람이 에반 로버츠가 그 부흥을 시작하고 진행하는 일에 쓰임받은 주된 인물임을 알았다. 그러나 앞서 언급했듯이, 그 부흥을 위해 나라를 준비시키는 데 쓰임받은 많은 사람들이 있었고 또 나라 전역에서 불길을 타오르게 한 사람들도 있었다. 부흥을 가져온 것은 에반 로버츠의 존재가 아니라 하나님의 임재였다.

주님께서 사용하시는 가장 큰 그릇이라도 여전히 "질그릇"에 불과하다. 일단 우리가 주님의 영광을 보면 그릇은 우리의 관심이 되지 못한다. 주 예수님에 비하면, 위대한 사도 바울조차도 단순한 인간이자 빈 그릇에 불과하다. 그러나 진정으로 성전의 주님을 경배하기 위해 주님의 성전에 대한 경배를 뛰어넘은 사람은 지금까지 극소수에 불과했다.

전 세계에서 웨일즈로 몰려든 기자들과 설교자들은 한결같이 에반 로버츠를 보고 싶어했다. 그 부흥에 참여하고 있던 사람들은 에반이 집회 가운데 들어와도 거의 신경조차 쓰지 않았다. 그들은 그를 사랑하고 존경했지만 마음은 하나님 아들의 영광에 사로잡혀 있었다. 그 사람들은 주님과 사랑에 빠져 있었기 때문에 그분의 사자들을 사랑하고 존경했지만 그들을 숭배하지는 않았다. 우리가 아들의 영광을 볼 때, 왕이든 대통령이든 심지어 가장 위대한 하나님의 사람이든 관계없이, 사람에게 지나친 감동을 받는 것은 불가능해진다.

에반 로버츠는 주님께서 사용하실 수 있는 굴복된 그릇이었지만 에반과 댄 로버츠, 시드니 에반스, 샘 젠킨즈, 그리고 "찬양하는 자매들"의 사역과 더불어 거대한 추수를 거둬들이는 데 쓰임받은 다른 목사들과 복음전도자들 역시 그러했다. 뛰어난 복음전도자들이 한 번도 방문한 적이 없었지만 부흥은 웨일즈의 가장 먼 지역에까지 퍼졌다. 웨일즈 부흥은 주님께서 뛰어난 그릇들을 어떻게 사용하시며 때로는 아무런 그릇 없이도 그분이 어떻게 주권적으로 움직이기로 작정하시는지 연구해볼만한 사건이다. 주님은 오직 한 가지 계획에 따라서만 움직이고자 자신을 제한하시는 분이 결코 아니다.

공통분모

이 부흥이 터져 나온 모든 곳에서 찾아볼 수 있는 두드러진 공통분모가 있었다. 그것은 하나님의 아들이 높임을 받고 있다는 것과 모든 사람이 그분에게로 이끌리고 있다는 것이었다. 거룩과 순종이 강조되었지만 그것은 주로 성자께서 거룩하시고 모든 이들이 모든 일에서 그분을 기쁘시게 하기를 원했기 때문이었다. 주님의 임재가 너무나 강해서 그 어떤 사람도 그의 임재 속에서 상스런 말을 하거나 상스런 행동을 할 상상조차 할 수 없었다.

그 자리에 있던 사람들은 그분의 임재를 절대적으로 말로 표현할 수 없는 것이라고 말할 수밖에 없었다. 성령의 감동하심이 너무나 분명해서 수천 명의 사람들이 너무나 완벽한 조화를 이루는 가운데 두 발로 뛰면서 예배하곤 했으며 목격자들은 그것을 기적이라고 여겼다. 때때로 강단으로부터 비치는 주님의 영광이 너무나 강해서 복음전도자나 목사는 완전히 압도당하지 않으려고 그 영광의 빛으로부터 도망치곤 했다. 많은 사람들이 몇몇 집회들 위에 눈에 보일 수 있게 물리적으로 임한 주님의 영광의 빛을 견딜 수 없었다고 증언했다.

수천 명의 젊은 회심자들은 나라 전역으로 흩어져서 자신들이 발견한 기쁜 소식을 전파했다. 그들은 사람으로부터 받은 아무 자격증이나 증명서도 없었고, 그들이 가진 것이라곤 성령님밖에 없었다. 그리고 성령님이야말로 그들에게 필요한 모든 것이었다. 사도행전이 완전히 재현되고 있었다. 작은 아이들이 그리스도를 위해 많은 영혼들을 구원해냈다. 새로운 회심자들이 대형 기도모임과 성경공부를 인도하고 있었다. 때때로 같은 도시에서 열리고 있는 성경공부들이나 기도모임들이 모두 다 동시에 길거리로 몰려나와 보이지 않는 지휘자를 따라 이른 아침 시간까지 주님을 찬양하면서 함께 도시 주위를 행진하곤 했다.

이내 가장 크고 가장 영향력 있는 신문들이 그 부흥에 관한 소식들로 거의 완전히 도배되어버렸다. 범죄와 폭력, 그리고 추문이 실리던 헤드라인이 회심자의 숫자, 집회소식, 새로운 찬송가들의 가사, 그리고 어디에서 성령이 가장 강력하게 움직이고 계시는지 상세히 설명해주는 부흥지도 등으로 대치되었다. 술 광고들이 사라졌으며, 큰 광고들은 모두 성경과 찬송가책의 수요를 따라잡으려고 하는 기독교 출판업자들이 사들였다.

다음의 보도들은 「교회의 활동」(Doings of the Churches)이라는 표제 아래 제임스 스튜어트에 의해 한 신문으로부터 수집되어『성령의 웨일즈 침노』(Invasion of Wales by the Spirit)라는 책으로 출판되었다:

블레나본(BLAENAVON).

토요일 저녁, 14세에서 16세 사이로 보이는 한 무리의 젊은이들이 주요 거리의 각기 다른 지역에서 기도모임을 열었다.

도우레이스(DOWLAIS). 적어도 214명이 참석한 최근의 기도모임에서, 흐름이 거대한 성경공부 모임으로 전환되었다. 성경에 대한 이런 큰 관심은 현존하는 부흥의 결과이다.

브린세씬(BRYNCETHIN).

예배가 이제 이곳에서 15주 동안 밤마다 열렸으며 엄청난 수의 회심자들이 비국교파교회(Free Church, 영국 국교에서 분리되어 나온 독립교회를 의미-역자 주)에 더해졌다. 젊은 회심자들을 교육시키기 위해, 교회는 매주 이틀 밤 동안 성경공부를 갖기로 결정되었는데, 성경공부 모임은 참석률이 아주 높다.

로스(RHOS).

레이크 디스트릭트(Lake District), 버켄헤드(Birkenhead)와 리버풀(Liverpool), 그리고 인접한 지역들로부터 방문객들이 부흥집회에 끊임없이 몰려들고 있다.

트레마도크(TREMADOC).

부흥은 이곳에서 두드러진 영향을 끼쳐 왔으며 지금도 계속해서 영향을 끼치고 있다. 교회들이 새벽 두 세 시가 되도록 차고 넘치고 있다.

뉴브리지(NEWBRIDGE).

콜리넨(Colynen) 채탄소의 한 관리는 경건한 열정이 어떻게 지하에서 표출되었느냐는 질문을 받았을 때 이렇게 대답했다. "지금은 축복된 시간입니다. 여기저기 순찰을 돌 때, 이제는 불경스런 욕설이 거의 안 들려옵니다. 더 좋은 방향으로 아주 멋지게 변화된 것이죠."

카디건(CARDIGAN).

셋 조수아(Seth Joshua) 목사님이 선교단을 지도하고 있는 천막 칼빈주의 감리교회(Tabernacle Calvinist Methodist Church)에서의 한 집회가 자정 이후까지 연장되었다. 그것은 놀라운 회합이었으며 성령이 쏟아부어진 장소로 오랫동안 기억될 것이다. 1,200명의 참석자들 대부분은 동시에 무릎을 꿇었고 그런 자세로 약 2시간 동안 있었으며 많은 사람들이 그리스도를 영접한 것으로 알려졌다.

홀리헤드(HOLYHEAD).

이 중요한 도시에서, 술주정뱅이는 옛말이 되었고 경찰은 편안한 시간을 보내고 있다. 500명의 회심자들이 생겨난 것으로 보도되었다.

폰티풀(PONTYPOOL).

선교의 열심이 천막교회 200명의 회심자들 사이에서 높이 솟아나고 있으며 최근의 모임에서는 그들을 여러 그룹으로 나누어 각기 다른 집에서 예배를 열기로 결정되었다. 길거리 소란행위들이 이채로운 일이 될 정도로 사라지게 되었으며, 항상 "폰티풀의 프로권투계"로 여겨지는 하이 스트리트(High Street)의 아래 자락에서 단 한 건의 싸움도 없었다는 사실은 부흥의 좋은 영향 때문인 것으로 보인다.

코에드포에스(COEDPOETH).

이 조용한 주택지구는 지난 3개월 동안 강력한 영적 방문체험을 경험했다. 회심자들의 총수는 이제 210명이며 더 많은 회심자들이 있을 것으로 예상된다. 한 주에 3일 밤 동안 연합기도모임이 있었으며 나머지 저녁에는 각 교회가 자체 예배장소에서 집회를 가진다. 놀랄 만한 장면들이 목격되었다. 여성들은 아침 저녁으로 매일 기도모임을 갖고 있다. 젊은 남자들과 젊은 여자들은 야외에서 설교하여 큰 성공을 거두고 있으며 많은 술주정뱅이들이 회심하였다. 전 교회의 삶이 개혁되었다.

블레나본(BLAENAVON).

도시내 모든 교회들이 최근에 거리를 통과하는 연합행렬을 가졌고 이제 두 번째 행렬이 준비되었다.

에이버틸러리(ABERTILLERY).

한 주간의 특별집회 결과로 약 1,500명의 회심자들이 생겨났다.

브리도일(BRITHOIR).

지난 번 기도모임의 연장선에서 열린 기차역 근처 모임에 클럽들과 술집들로부터 많은 사람들이 참석했고 자정이 가까울 때까지 계속되었다. 그런 다음 그들은 근처에 있는 교회로 갔으며 그 모임은 새벽 2시에 해산되었다.

애먼포드(AMMANFORD).

6명의 젊은이들이 거리에 우연히 모이기만 하면 함께 모여 찬양한다. 최근에는 일단의 어린아이들이 엇갈리게 모여서 찬양하며 기도하기 시작했다. 결국 그들의 모임에 남자들과 여자들이 합세하였고 그 결과 큰 야외 기도모임이 형성되었다. 애먼포드는 새로운 도시이다. 열정으로 가득찬 젊은이들이 모임을 열고자 3,4마일 걸리는 산을 걸어 넘어가 여러 마을들과 농장들, 그리고 작은 부락들로 가는 일이 빈번하다.

트레해리스(TREHARRIS).

브린허포드 웨일즈 침례교회(Brynhyfrd Welsh Baptist)에서, 40명의 후보자들이 최근에 세례를 받아 도합 138건의 세례가 이루어졌다. 220명이 최근에 이 교회에서 구원을 받았다.

론다 밸리(RHONDDA VALLEY).

남부 웨일즈에 있는 수십 개의 탄광에서 매일 아침 볼 수 있는 광경이 이곳에서 새벽 5시에 매일 아침 진행된다. 수십 명의 광부들이 밤근무를 끝내고 집에 돌아가기 전에 집회를 갖는다. 감독관이 "깊고 강한 대양에서"라는 찬송가를 시작하면 그 노래가 탄광에 메아리쳐

울린다. 회색머리가 석탄재로 엷게 물든 한 나이든 남자가 무릎을 꿇고 기도한다. 다른 사람들도 그와 같이 한다. 그 집회는 다른 작업장 출신의 사람들을 끌어 모은다. 그리고 깜박거리는 불빛이 그 임시 성전으로 다가오는 모습이 보인다. "자, 제군들, 그리스도를 사랑하는 여러분! 등을 들고 일어서시오!"라고 한 젊은 광부가 외친다. 순식간에, 수십 개의 불빛이 공기중에 깜박거리고 또 다른 감사의 노래가 탄광을 울리게 한다.

에이버틸러리(ABERTILLERY).

(두번째 기사). 부흥은 계속 진행된다. 구세군 홀에서 놀라운 일들이 일어났지만 예배는 인근에 있는 거의 모든 예배당에서도 밤마다 열린다. 이제 2,500명의 회심자들이 있다.

앵글레시(ANGLESEY).

앵글레시섬은 부흥으로 인해 이쪽 끝에서 저쪽 끝까지 뒤집혔다. 55개의 감리교회에서 1,116명의 회심자가 있었고 15개의 독립교회에서는 276명, 24개의 침례교 예배처소에서는 366명, 그리고 8개의 웨슬리 교회에서는 116명, 도합 102개의 교회에서 1,673명의 회심자가 있었다.

케어날폰(CAERNARFON).

도시내 여러 지역교회 출신의 150명에 달하는 선교사들 중 20명이 교회에 오도록 사람들을 초청하기 위해 집집마다 방문하였다. 더햄(DURHAM)에서의 부흥의 열정(잉글랜드). 부흥의 열정이 잉글랜드 북부의 더햄 북서부에서 여전히 확산되고 있다. 오랫동안 대의(大義)와 관련된 일을 해온 사람들은 지난 20년간 그런 총체적인 영적 각성을 기억하지 못한다. 그 지역 전체에서 일반적인 화제가 된 대격변이 있어왔다. 더햄 전역에서 놀라운 장면들이 발생하고 있으며, 교회들은 매일 밤 구원받는 영혼들로 가득차고 있다.

가로 밸리(GARW VALLEY).

지하모임이 거의 모든 탄광속에서 열리고 있다. 초기의 회심자들은 가장 열정적인 일꾼들에 속하며 그들의 노력은 아주 성공적인 것으로 입증되고 있다. 이 지하모임들 중 한 모임에서, 최소한 36명 이상이 그리스도께 자신을 드렸다.

간디페이스(GARNDIFFAITH).

비스가에서는 40명의 회심사건이 기록되었다. 70세 된 한 노인이 일어나서 그리스도를 구주로 고백했다. 늦었긴 했지만, 그는 마침내 평강과 희락을 찾아서 기쁘다고 느꼈다. 한 젊은이가 자기 아버지를 위해 기도해오고 있었는데 그의 간구가 그날 밤에 응답되기를 위해서 구했다. 바로 그때 그의 아버지가 그 모임에 와서 완전히 항복했다. 심각한 술주정뱅이에다가 욕쟁이였을 뿐만 아니라 한 번에 여러 주 동안 일을 빼먹음으로 아내와 자식들을 굶겨온 한 남자가 한 집회에 들어와서는 눈물을 쏟아내며 용서해 달라고 큰 소리로 울부짖었다. 그는 하나님께서 아내의 마음을 만져달라고 기도했는데, 그녀도 곧 용서를 구하며 부르짖었다. 찬양과 기쁨의 함성이 더욱 높아졌다.

글리네스(GLYNNEATH).

거의 12년 동안이나 사이가 좋지 못했던 두 개의 독립교회인 애덜디(ADDOLDY)와 카펠리글린(CAPEL-Y-GLYNN)이 화해하여 연합집회가 열렸다. 그 두 목사들이 거의 400명의 연합된 교회 앞에서 악수를 했다.

해포드(HAFOD).

트레버 탄광에서의 지하 기도모임이 회심한 축구선수로 알려진 W. 로저스(W. Rogers)씨에 의해 인도되었다.

펜트레(PENTRE).

모든 교회의 목사들이 최근에 교파주의를 무너뜨리려는 생각으로 하루 동안 강단을 교류했다.

마에스테그(MAESTEG).

한 보험설계사가 크리스마스 후에 방문한 거의 모든 집에서 행복한 미소를 지으며 "이번 크리스마스는 지금까지 가져보지 못한 가장 행복한 크리스마스예요."라고 말하는 부인들을 만났다고 어느 기자에게 말했다. 그들의 남편이 회심하여 더 이상 노름과 술에 돈을 낭비하지 않게 되었기 때문이다.

케어날폰(CAERNARFON).

놀라운 집회들에 관한 상세한 이야기들이 방금 우리에게 도착했다. 남자들과 여자들이 똑같이 성령의 영향을 아주 강력하게 느끼고 있다. 강인한 남자들이 새파란 얼굴을 하며 몸을 떤다. 젊은 남자들과 여자들이 강력한 끈질김과 저항할 수 없는 힘으로 하늘의 문을 향해 돌진한다. 전 회중의 마음이 완전히 녹아 현저한 눈물과 흐느낌으로 변한다. 수많은 사람들이 주님을 찾고 있다. 두 명의 악명 높은 불량배들이 앞으로 나와 무릎을 꿇고 가슴을 치기 시작한다.

성서공회의 기록에 따르면, 부흥이 터져 나온 이후로 지금 성경이 3배 이상 팔리고 있다. 책 판매자들은 이제 성경을 파는 데는 아무런 문제가 없는데, 성경을 구하는 것이 문제라고 말한다.

유아학급에서 선생님의 관심을 끌기 위해 손을 든 4살짜리 아이에 관한 아름다운 이야기가 회자되고 있다. "응?" 선생님이 물었다. "무슨 일이지?" 그 아이는 재빠르면서도 힘있게 말했다. "선생님, 예수님을 사랑하세요?" 화살이 과녁을 때렸다. 바로 거기서, 바로 그때 그 선생님은 주님께로 돌아왔으며 나중에 인도 선교사로 나갔다. 어떤 사람은 한 아이가 다른 아이에게 묻는 말을 엿들었다. "너 로스에서 무슨 일이 있었는지 아니?" "아니, 모르겠는데. 지금은 주일이 날마다 온다는 것 빼놓고는!"

"몰라?" "모른다니까." "음, 예수 그리스도가 지금 로스에 살려고 오셨대."

윙키 프랫트니(Winkie Pratney)는 다음의 신문 보도를 발견하고 자신의 책 『부흥』(Revival, Whitaker House, 190-191쪽)에 기록했다:

> 그 장면은 거의 말로 설명할 수 없다. 남자들과 여자들이 겹겹이 모든 공간을 가득 채웠다. 안으로 들어올 수 없었던 사람들은 밖에 서서 문간에서 귀를 기울였다. 다른 사람들은 거의 모든 말을 들을 수 있는 창가로 달려갔다. 7시에 예배가 시작되었을 때, 2,000명의 사람이 참석했음에 틀림없다. 열정이 끝이 없었다. 여자들은 땀이 얼굴을 타고 흘러내릴 때까지 일어나서 소리치다가 다음 순간에는 간증하기 위해 한 사람씩 뛰어 올라갔다. 한 사람이 떨리는 억양으로 술에 취한 채 살았던 이야기를 말했다. 한 탄광 인부는 숙달된 변사처럼 말했다. 어느 회심한 집시 여인이 가장 좋은 옷을 입고 자신의 혁신과 회개에 관한 이야기를 나눴을 때 어떤 어조로 말했을지는 누구라도 상상해볼 수가 있다. 10시가 되어도 그 모임의 열기는 조금도 가라앉지 않았다. 계속해서 기도가 하늘로 올라갔다... 몇 번이고 강단에 선 네 명의 목사들이 찬송가를 시작하려고 했으나 소용없는 일이었다. 부흥이 사람들을 완전히 사로잡아

버렸고, 심지어 에반 로버츠마저도 그것을 억제할 수 없었다. 그가 최근에 회심케 한 사람은 어느 경찰관이었는데, 그는 사람들이 종교에 미쳐버렸기 때문에 자신이 할 일이 없어졌다고 불평을 늘어놓다가 자신이 직접 보려고 집회에 왔는데 눈물을 터뜨리며 모든 삶의 잘못을 고백하고 회개한 사람이었다.

유명한 「펠멜신문」(Pall Mall Gazette)의 편집자인 윌리엄 스테드(William T. Stead)는 몇몇 사람들에 의해 당대에 영국에서 가장 영향력있는 사람이라고 생각되었다. 그는 부흥의 현장에 직접 방문했는데, 런던 「감리교 타임즈」(London Methodist Times)는 그가 돌아왔을 때 그와 인터뷰한 내용을 다음과 같이 기록하였다(『웨일즈 대부흥』(The Great Revival in Wales, Shaw, 56쪽)이라는 제목으로 출판됨):

"자, 스테드씨, 부흥현장에 다녀 오셨다구요. 그것을 어떻게 생각하십니까?"

"이보게," 스테드씨가 대답했다. "문제는 내가 그것을 어떻게 생각하느냐가 아니라 그것이 나와 자네와 우리 모든 사람을 어떻게 생각하느냐일세. 이 부흥은 아주 실제적인 것이고, 지금으로선 구경꾼에 불과한 우리 많은 사람들을 사로잡을 수도 있는 강력한 힘을 가진 것 같네. 그것은 살아 있는 실체라네."

"그렇다면 그것이 지금 진행 중이라고 생각하십니까?"

"부흥은 혁명 같은 것이지. 그것은 놀라울 정도로 전염성을 가진 경향이 있네."

"선생님은 마치 선생님께 다가오고 있는 부흥을 두려워하고 계신 것처럼 말씀하시는군요."

"아니. 그렇지 않네. 두려움은 합당한 단어가 아닐세. 경외심이란 말이 내 감정을 더 적절히 표현하는 단어지. 자네가 미지의 존재 바로 앞에 있기 때문이네. 자네는 유령의 이야기를 읽어보았으니까 어떤 오래된 성에서 한밤중에 유령이 나오는 방에 혼자 있는데 다른 세상에서 온 방문객의 느리면서도 은밀한 발걸음이 복도를 따라 가만히 다가오는 소리를 듣는다면 어떤 느낌이 들지 상상할 수 있겠지. 만약 자네가 웨일즈 남부에 가서 부흥의 현장을 지켜본다면 그와 아주 흡사한 느낌을 갖게 될 걸세. 거기엔 다른 세계로부터 온 뭔가가 있네. 자네는 그것이 어디에서 왔고 어디로 가고 있는지 알 수 없지만 그것은 줄곧 살아서 움직이며 자네를 향해 다가오지. 마치 보이지 않는 손이 자신들의 마음을 꽉 붙잡는 것처럼 남자들과 여자들이 자네의 눈앞에서 흐느낌과 고통 속에서 무너지는 것을 보게 된다네. 분명히 말하는데, 그것은 꽤나 소름끼치는 것이야. 자네가 강렬한 감정을 두려워한다면 부흥을 멀리하는 게 좋을 걸세."

"그렇지만 감정이 전부인가요? 가르침은 없습니까?"

"이보게 젊은이. 사람들이 부흥의 현장에서 원하는 것이 가르침이라고 생각하나? 그 사람들뿐만 아니라 우리와 같은 땅에 살고 있는 모든 사람들은 가르침에 질려 죽을 지경이고 설교에 질려 미칠 지경이라네. 그들은 모두 다 기본적인 진리들은 알고 있다네. 자신들이 합당하게 살고 있지 못하다는 것도 알고 있지. 그런 죄책감에 설교가 무얼 더해줄 수 있겠는가."

"그렇다면 선생님께서 최종적으로 받은 인상은 호의적인 것이었다고 받아들여도 좋겠습니까?"

"달리 어떻게 받아들일 수 있겠나? 내가 그 보이지 않는 손의 힘을 느끼지 못했단 말인가? 진실로 구원을 발견한 사람의 고백에 환호성을 보내며 기쁨의 멜로디를 터뜨리는 소리를 내가 듣지 못했단 말인가? 물론 그것은 내가 구세군에서 보았던 것과 아주 흡사하다네. 그리고 난 마침내 웨일즈 교회들이 남자와 여자의 동등한 사역에 대해 눈을 뜨고 있다는 사실에 기쁨을 금할 수 없었네... 그 모든 일들은 놀라우리만큼 자발적으로 진행되고 있으며 지금까지 그 열매들은 좋은 것이었고 좋은 것들뿐이었네."

"그 부흥이 영원할까요?"

"이 가변적인 세상에서 영원히 지속되는 것은 아무것도 없네... 하지만 모든 과거의 부흥운동의 교훈들이 유효한 것이라면 이 경건한 각성운동 또한 자네와 내가 우리의 조상들에게로 돌아간 지 오랜 후에도 여전히 이 세상에 살면서 하나님이 지으신 우리 세상을 애써 유지해 나가게 될 수많은 남녀들의 삶에 영원한 영향을 미치게 될 걸세."

가장 영향력 있는 정치가들과 지성인들, 그리고 그에 필적할 만한 종교 지도자들조차도 웨일즈 공국 전체에 미친 부흥의 영향을 부인하는 데 어려움을 겪었다. 빚이 지불되었고 도난당한 물건이 돌아왔으며 술집들이 버려져 문을 닫았다. 광산에서는 말들이 마부의 욕설이 담긴 명령에 반응하도록 훈련을 받아왔는데 마부들이 더 이상 욕설을 하지 않음으로 인해 말들이 그들의 명령을 알아듣지 못하였기 때문에 심각한 문제가 발생하였다!

의회 의원들이 부흥집회에 참석했기 때문에 정치적인 모임들이 연기되었다. 극단들은 아무도 자기네 쇼에 오려고 하지 않았기 때문에 웨일즈에 가는 것을 중단하였다. 시장들은 여러 도시에서 체포사건이 없다는 것을 상징하는 하얀 장갑을 받았다. 감옥이 텅텅 비었다. 부흥의 사건들이 여러 달 동안 날마다 대학들을 휩쓸었다. 7만 명 이상의 새로운 회심자 명단이 단 두 달만에 신문지상에 보도되었다.

10장
그들은 성령을 따랐다

그 집회들 가운데서 시간 제한은 잊혀져버렸다. 특정한 시간에 시작할 것이라는 공고가 나오면 사람들은 그보다 몇 시간 전에 모여들곤 했다. 예배가 언제 끝날지 아무도 몰랐으며 시계는 완전히 무시되었다. 사람들은 인간 지도자를 좀처럼 기다린 적이 없기 때문에 회중이 일부만 모여도 집회는 시작되었다. 지도자들의 사고방식에 그렇게 거의 영향을 받지 않은 종교적 운동은 아마 한 번도 없었을 것이다.

7시에 시작된 저녁집회가 다음 날 새벽 3시에 끝이 나서 사람들이 쏟아져 나오면 다른 무리들이 새벽기도모임을 갖기 위해 예배당 안으로 들어오려고 벌써 준비하고 있었다! 복음전도자가 올 경우 많은 도시들에서 모든 일이 중단되었다. 사람들이 집회에 참석할 수 있도록 공장들과 가게들이 때로는 한 번에 여러 날 동안 문을 닫기도 했다.

큰 신문사 『런던 데일리』(London Daily)지(紙)의 어느 유명한 기자가 런던 사람들에게 그들이 들은 놀라운 사건들을 전해주기 위해 라우거(Loughor)의 젊은 선지자가 인도하는 집회를 방문했다. 그는 이렇게 기록했다:

> 나는 웨일즈의 종교적 열정의 불길이 그 지방의 석탄만큼이나 연기가 없다는 것을 발견했다. 광고도, 악단도, 포스터도 없다. 미리 계획된 그 일(전형적인 집회)의 모든 절차와 장비들 중에 그런 것들이 없다는 것이 눈에 띄는 대목이다. 연주 음악도 없다. 파이프 오르간도 사용되지 않는다. 큰 파도의 안과 주위와 아래서 기도하며 찬양하는 군중의 강렬한 전율과 흥분을 위해 악기는 필요가 없는 것이다.
>
> 그 거대한 회중들은 성 바울의 성당 지붕 아래서 내가 지금까지 보았던 어떤 회중 못지않게 질서 있고 공손한 모습을 유지하고 있으며 침착함과 분별력을 가지고 있다. 가장 높은 발코니로 연결된 혼잡한 통로에 필요한 대로 앉아 있기도 하고 서 있기도 하는 등 수백 명의 간절하면서도 진지한 남자들과 사려 깊은 여자들이 강단이나 그 집회에서 태풍의 눈이 되어 있는 지점에 시선을 고정한 채 겹겹이 모여 있다. 대다수의 회중은 건장한 젊은 광부들이다.
>
> "우리는 성령에 순종해야 한다"는 에반 로버츠의 슬로건이기에 그는 청중 가운데 가장 겸손한 사람만큼이나 순종적이다. 아무도 찬송가책을 사용하지도 않고 그것을 나눠주는 사람도 없

다. 어떤 식으로든 그 모임을 통제하는 사람은 결코 에반 로버츠가 아니다. 당신 앞에 있는 천명이나 천 오백명의 사람들이 수많은 머리를 가지고 있지만 영혼은 단일한 하나의 인격체로 융합되었다고 느껴질 것이다. 당신은 마치 스쳐 지나가는 바람이 연못 위를 지나가듯이 소위 "성령의 능력의 영향력"이 그 회중 위를 지나가고 있는 것을 지켜볼 수 있다.

이처럼 예배당 내부만 아니라 안으로 들어갈 수 없어서 바깥에까지 몰려 있는 혼잡한 무리들의 자발적인 충동에 모임을 맡겨버리는 아주 놀랄만한 사례가 주일 밤에 일어났다. 두 번씩이나 그 집회의 질서가-그것을 질서라고 부를 수 있다면-바깥에 있던 무리들에 의해 바뀌어버렸다. 그들은 어떤 이상한 충동에 의해 자발적으로 찬양을 시작했고 곧바로 안에 있던 무리들이 그것을 받아서 함께 찬양에 동참했다. 이런 사건들이 일어나는 한 집회에서 에반 로버츠가 설교하고 있었다. 그는 즉시 설교를 내려놓았고 노래하는 소리가 집회장을 가득 채우게 되었다.

집회는 항상 동정적이고 위로하는 노래가 터져 나옴으로 시작되고, 나중에는 호흡을 가다듬은 독창자가 꿇고 있던 무릎을 일으켜 노래를 부른다.

기도와 찬양은 둘 다 놀랍다. 하지만 그 둘보다 더 인상적인 것은 더 이상 아무 말도 할 수 없을 때 일어나는 끊김이며, 그 후에는 침묵 속에서 순간적으로 들리는 흐느낌이 격정적인 멜로디 속에 파묻혀 버린다. 오르간은 필요가 없다. 슬퍼하기도 하고 기뻐하기도 하는 일천 명의 심령들이 타고난 멜로디로 소리를 표출하기 때문에 그 모임 자체가 오르간이다.

회개와 공개적인 고백, 중보기도, 그리고 다른 무엇보다 이 놀라운 음악의 전례. 그것은 글로 쓰여지지 않은 전례지만 바위 투성이 해변가 큰 파도의 천둥소리처럼 일어나는, 마음속 깊은 곳에서 우러나오는 강력한 합창이다. 그것은 이따금씩 노래하는 자매들의 플룻같은 곡조에 의해 중단된다. 노래하는 자매들의 멜로디는 수풀속의 노래지빠귀나 하늘의 제비의 음악만큼이나 감미롭고 자연스럽다. 그리고 그 모든 엄청난 떨림, 두근거림, 찬양, 기도, 보이지 않지만 그곳을 온통 가득 채우는 어떤 실체-지금 처음으로 그들 가운데서 손으로 만질 수는 없지만 명백하게 움직이고 있는-의 영향을 강렬하게 인식하고 있는 기쁨에 찬 무리들. 그들은 그 실체를 하나님의 성령이라고 부른다.

십자가가 중심이었다

다음에 기록된 에반 로버츠의 기도는 부흥 전도자들의 주된 강조점과 헌신을 간명하게 그려내고 있다:

주 예수님, 지금 성령으로 우리를 도우사 십자가를 대면하게 하소서. 장애물이 무엇이든지, 이 예배를 당신께 넘겨드립니다. 우리 모두를 보혈 아래 두소서. 오, 주님, 지금 이 순간까지 우리의 모든 과거 위에 보혈을 발라 주소서. 보혈로 인해 감사드립니다. 예수 그리스도의 이름으로, 이 순간에 마귀를 묶어 주소서. 우리는 그리스도의 십자가로 향합니다. 그것은 우리의 십자가이며 십자가의 승리를 취합니다.

예수의 이름으로 십자가를 계시해 주소서. 오, 하늘의 문을 열어 주소서. 지금 우리에게 임하소서. 우리의 마음을 열어 주소서. 우리에게 갈보리의 현장을 생생하게 보여주셔서 우리의 마음이 깨어지게 하소서. 오 주님, 지금 임하소서. 우리를 위해 피흘리신 그 마음을 받아들이도록 우리의 마음을 열어 주소서. 우리가 어리석은 자가 되어야 한다면 당신을 위해 어리석은 자들이 되게 하소서. 우리의 영과 혼과 몸을 취하소서. 우리는 당신의 것입니다. 당신이 우리를 값주고 사셨습니다.

예수를 위해 십자가를 계시해 주소서. 세상을 정복할 수 있는 십자가를 계시해 주소서. 우리를 보혈 아래 두소서. 사람들이 우리에게 하는 말들을 생각하지 않게 하소서. 오 주 예수님, 말씀하소서. 말씀하소서. 말씀하소서. 당신의 말씀은 "참된 소망"입니다. 오, 사랑하는 예수님, 십자가를 계시해 주소서. 영광의 십자가를 계시해 주소서.

예수를 위해 모든 심령 속에서 다스리소서. 주님, 죽어가는 구주를 볼 수 있도록 우리를 도와주소서. 우리로 주님께서 어둠의 군대를 정복하시는 광경을 볼 수 있게 하소서. 이제 주님, 당신의 아들을 위해 승리를 얻으소서. 성자 예수님은 승리를 얻으시기에 합당하십니다. 당신은 전능하신 하나님이십니다. 오, 승리를 얻으소서. 우리는 모든 영광을 당신의 이름에 돌릴 것입니다. 당신 외에는 그 누구도 영광을 취할 권리가 없습니다. 주님, 영광을 취하소서. 이 모임에서 당신의 아들을 영화롭게 하소서. 오, 성령님, 우리를 통해, 그리고 우리 안에서 지금 역사하소서. 주님의 이름을 위해 능력으로 말씀하여 주소서. 아멘-아멘!

예수님의 사랑과 고난, 죽음, 그리고 부활이 모든 집회, 모든 설교, 모든 기도의 주제였으며 모든 심령이 열정적으로 사랑하는 것이 되었다. 사람들은 새로운 교리나 교파, 인간, 혹은 심지어 새로운 운동에로 회심하는 것이 아니라 예수님께로 회심하였다. 그 부흥의 지도자들은 다음과 같이 말한 사도 바울의 권면을 굳게 붙잡았다:

형제들아 내가 너희에게 나아가 하나님의 증거를 전할 때에 말과 지혜의 아름다운 것으로 아니하였나니 내가 너희 중에서 예수 그리스도와 그의 십자가에 못박히신 것 외에는 아무 것도 알지 아니하기로 작정하였음이라
(고린도전서 2:1-2).

웨일즈 부흥에서의 회심은 사람들이 흥분에 사로잡혀 일시적으로 변화된 것이 아니었다. 그들이 너무나 급격하게 변화된 나머지 "거듭남"은 단순히 진부한 표현이 아니라 실상이었다. 새 신자들이 주님과의 첫 대면에서 발견한 것은 축복들에 대한 약속이 아니라 자기 자신의 죄악된 상태에 대한 깊은 자각과 자신에게 구세주가 절박하게 필요하다는 사실이었다. 구원의 샘을 열어주시는 성령에 감동될 때, 그들은 자신의 "결단"을 인정하기 위해 건물 뒤편에서 단순히 손만 든 것이 아니었다. 그들은 구세주의 긍휼을 구하는 거룩한 절박함으로 너무나 마음이 괴로운 나머지 마치 육체적인 고통 때문이기라도 하듯이 마룻바닥에 나뒹굴었다.

죄책감에 사로잡힌 사람들은 때때로 용서의 확신을 얻을 때까지 눈물을 글썽이며 괴로운 표정을 짓곤 했다. 그런 다음 그들의 슬픔은 똑같은 깊이의 감당할 수 없는 기쁨으로 바뀌곤 했다. 종종 새벽 두세 시쯤 집회가 해산되기 시작할 때, 새로운 회심자들은 그냥 떠날 수가 없어서 계속해서 찬양하고 기도하곤 했으며, 때로는 새벽 기도모임이 시작될 때까지 억제할 수 없을 만큼 계속해서 웃어대곤 했다.

11장
한 민족이 거듭나다

그 부흥이 웨일즈 민족에게 끼친 영향은 역사상 유일무이한 것이다. 제 1차와 2차 대각성운동이 분명 영국과 미국의 유전정보를 심오하게 변화시켰지만 역사적으로 볼 때 웨일즈에서 그토록 짧은 기간에 일어난 사회변화에 필적할 만한 다른 실례는 아예 존재하지 않는다.

폭력적인 범죄가 통제할 수 없을 정도로 증가하여 무정부 상태 직전까지 와 있었던 몇몇 도시들과 소읍들에 부흥이 진행되고 있는 동안 단 한 건의 체포도 기록되지 않았다. 그곳은 가장 무법한 지역들 중 하나였다. 다른 도시들은 2년에 걸친 부흥운동 기간 동안 공개적인 술취함과 같은 범죄로 한두 건의 체포만 기록됐을 뿐이다. 수많은 교도소들과 감옥들이 완전히 텅 비어 있었다.

부흥이 일어나기 전에는 술취함과 노름이 전염병처럼 퍼져 있었다. 부흥이 진행되는 동안, 술집들은 문을 닫거나 집회장소로 바뀌었다. 노동자들은 자신의 수입을 술과 노름에 낭비하는 대신 월급을 가정으로 가져가기 시작했다. 성령이 주시는 죄책감 때문에, 배상이 회개의 열매가 되었으며, 갚지 않은 빚들이 수천 명의 젊은 회심자들에 의해 갚아지고 있었다. 이 두 가지 요인만으로도 그 지역 전체에 엄청난 경제적 영향이 발생하였다.

유명한 웨일즈 노래축제가 과거에는 대단히 인기가 있었지만 "생키즈"(Sankeys)와 "알렉산더즈"(Alexanders) 같은 유명한 가수들이 이제는 부흥집회에서 찬송가를 부르고 있었기 때문에 부흥운동 기간 동안에 폐쇄되었다. 극장들과 축구 경기장 역시 흥미가 떨어져 폐쇄되었다. 정치 집회들은 취소되거나 외면당했다. 선거로 뽑힌 많은 공직자들이, 심지어 런던출신들까지도, 부흥집회에 참석하기 위해 의회 내의 자리를 포기했다. 명예로운 거래와 훌륭한 상품들에 기반한 사업들은 번창했다. 부도덕함으로 장사하는 자들은 파산했다. 사회 전체가 영적 부흥에 의해 그렇게 짧은 시간에 그렇게 심오하게 변화된 적은 역사상 한 번도 없었다.

교회가 변화되다

이 부흥이 교회에 미친 가장 중요한 결과는, 모든 교파의 신자들과 목사들이 함께 주님을 경배하기 시작하고 거대한 추수를 거둬들이는 데 전념하면서 겉으로 보이는 모든 교회의 편견들과 교파간 장벽들이 무너졌다는 것이었다. 지역 그리스도인들 간의 다툼도 주의 영광의 빛 속에서 과거의 상처들이 사소하고 하찮은 것으로 여겨지면서 잊혀지거나 즉각적으로 치유되었다.

그 부흥의 두드러진 한 가지 특징은 죄를 고백하는 것이었는데, 그것이 구원받지 못한 자들로부터 시작되어 구원받은 자들에게로 확산되었다. 구원받은 자들도 한결같이 그리스도의 십자가에 대한 계시로 인해 마음이 무너지고 겸손케 되었기 때문이었다. 모든 사람이 주님의 큰 자비와 사랑을 바라보도록 이끌림을 받으면서 원통함과 분노는 상상할 수도 없는 것처럼 보였다. 이로 인해 핍박의 불이 아니라 소멸하는 불이신 그분의 임재, 즉 주님의 영광과 임재로 말미암은 연합이 산출되었다. 이것은 그분이 들어오실 때 우리의 모든 개인적인 면류관들이 어떻게 어린 양의 발 앞에 던져지게 되는지를 보여주는 역사적인 실례였다.

예배에 참석하는 몇 사람의 성도를 위해 계속해서 문을 열어 놓으려고 애써왔던 교회들이 이제는 어떻게 수많은 사람들을 수용할 것인가의 문제에 직면하게 되었다. 전에는 몇몇 신실한 자들의 관심밖에 끌지 못했던 기도모임조차도 이제는 자리를 차지하기 위해 때로는 몇 시간씩 일찍 오는 사람들로 인해 차고 넘치게 되었다. 웨일즈에서 그 부흥의 강도를 감당할 만큼 진정으로 준비되어 있던 교회는 단 하나도 없었다. 하지만 많은 이들이 빠른 속도로 거기에 대처하는 법을 배워나갔다. 몇몇 목사들은 새로 회심한 자들 모두를 섬기면서 그들이 회중들과 잘 융화되도록 하기 위해 애를 썼지만 그 부흥은 처음부터 끝까지 "영광스런 통제불능"이었다.

　어떤 목사들은 한꺼번에 너무 많은 일을 하려고 하다가 급속도로 탈진에 빠져버렸다. 사실, 지도자들이 자신을 좀 더 잘 돌보았더라면 아마도 부흥은 보다 더 오랫동안 지속되었을 수도 있을 것이다. 아니 확실히 좀 더 오랫동안 지속되었을 것이다. 일찌기 찰스 피니가 언급했던 것처럼, "사역자들이 쉬는 법을 배우지 못하면 어떤 부흥도 오래 지속될 수 없다." 진정한 부흥은 거의 준비되어있지 못한 회중들과 기독교 사역자들에게 많은 피곤함을 안겨준다. 그 나라 내 거의 모든 교회나 선교단체의 교인수가 부흥이 처음 시작된 시기 동안에만 2배나 4배까지 되면서 극적으로 성장하였고 그 중 많은 교회들과 선교단체들이 부흥이 끝난 후에도 여러 해 동안 그 정도의 숫자를 유지했다.

　그렇지만 부흥이 영향을 받고 주님과의 진정한 믿음을 경험한 수많은 사람들이 그들을 견고한 토대 위에 세워줄 일꾼들이 부족했기 때문에 결국 다시 세상에 빼앗겨지고 말았다. 부흥이 한창 진행 중일 때에는 다른 일꾼들과 사역자들을 무장시킬 시간을 확보하는 것이 어렵다. 하지만 부흥이 일어나기 전에 그런 훈련과 무장이 되어 있었더라면 이 부흥의 시기에 주님께 자신을 드린 사람들 가운데 훨씬 더 많은 이들이 믿음 안에 견고히 세워져 진정으로 교회에 더해질 수 있었을 것이다.

불이 번지다

진정한 부흥은 한 지역에만 국한될 수 없다. 부흥은 바람에 움직이는 불과 같아서 그 불꽃은 바람이 부는 모든 방향에서 마른 나무와 풀에 불을 붙일 것이다. 불꽃은 편지나 전화, 혹은 신문으로 옮겨질 수 있지만 무엇보다 사람들에 의해 옮겨진다. 웨일즈 부흥의 중심에서 멀리 떨어진 지역들은 웨일즈에서 일어나고 있는 일에 대한 소식이 전해지자 부흥의 불이 붙기 시작했다. 이런 많은 지역들에서, 영적 각성은 웨일즈에서 진행되고 있는 것만큼이나 강렬한 것 같았다. 전 세계의 영적인 온도는 이 거대한 성령의 쏟아부으심에 의해 몇 도 상승되었다.

1905년 4월 8일, 캘리포니아주(州) 로스 앤젤레스로부터 거의 1만 마일 떨어진 곳에서 프랭크 바틀맨(Frank Bartleman)이라는 이름의 한 젊은이가 웨일즈에서 직접 건너온 F.B. 마이어의 설교를 들었다. 그가 웨일즈에서 일어나고 있는 부흥과 에반 로버츠와 함께 하는 집회에 대해 설명할 때 바틀맨이 느꼈던 감정이 후에 그가 쓴 책 『또 다른 부흥의 파도』(Another Wave of Revival, 8쪽)에 이렇게 기록되었다: "웨일즈 부흥에 관한 책을 읽은 직후였기 때문에, 나의 영혼은 깊은 자극을 받았다. 나는 바로 그때 바로 거기서 하나님이 나를 사용하시기 원하신다면 나에 대한 완전한 통치권을 가지게 되실 것이라고 하나님께 약속했다."

후에 바틀맨과 윌리엄 세이무어(William Seymour), 그리고 로스 앤젤레스 제일감리교회의 스몰리(Smale) 목사는 S.B. 쇼(S.B. Shaw)가 쓴 『웨일즈 대부흥』(The Great Revival in Wales)과 캠벨 몰간(G. Campbell Morgan)의 소논문인 『웨일즈의 부흥』(The Revival in Wales)을 읽고 깊은 감동을 받아 로스 앤젤레스의 부흥을 위해 간절히 주님을 찾게 되었다. 5월에 그들에게 「웨일즈의 부흥」(The Revival in Wales)이라는 제목의 소책자 5천권이 보내져 왔는데, 그들은 그것을 여러 교회에서 배포했다. 바틀맨이 에반 로버츠에게 편지를 보냈는데, 에반은 그에게 개인적으로 답신을 보내 어떻게 부흥을 준비할 것인가에 관한 몇 가지 가르침을 제공했다. 아주사 거리 부흥이 터져 나오고 거대한 오순절 운동이 출산된 것은 바로 그 일이 있은 직후였다. 아주사 거리 부흥은 수억의 영혼들에게 영향을 미쳤고 거기에서 나온 불은 오늘날까지도 계속해서 타오르고 있다.

바틀맨, 세이무어, 그리고 스몰리는 로스 앤젤레스의 한 골목에 있는 아주 작은 선교단체에서 사역하는 무명의 사람들이었다. 에반 로버츠는 하나님의 계시가 없었더라면 그 사람들의 임박한 영적 운명을 알 수 없었을 것이다. 그가 시간을 들여 그런 무명의 사람들과 의견을 주고 받았기 때문에, 역사가 바뀌었고 마지막 시대 교회의 경로에 불이 붙게 되었다. 그 세 명의 위대한 영적 선구자들은 자신의 삶 속에서 성령의 충만함을 추구할 때 에반 로버츠로부터 받았던 격려에 대해 끊임없이 언급했다.

불꽃이 날아가다

웨일즈 부흥은 다른 많은 예기치 못한 지역에 강력한 영향을 미쳤다. "떨기나무 불꽃"을 보러 온 순회설교자들과 평범한 신자들은 자기 자신의 교회와 선교지 및 도시에서 불을 일으키기 위해 고향으로 돌아갔다. 세계 전역의 그리스도인들이 그 소식으로 격려를 받고 담대함을 얻었는데, 교회 안에서 격려만큼 복음전도에 불을 지피는 것은 없다. 그리스도인들이 믿음의 격려를 받으면 자신들 안에 있는 소망을 나누지 않을 수 없게 된다. 웨일즈에서 시작된 불로 얼마나 많은 영혼들이 하나님 나라 안에 태어나게 되었는지는 오직 주님만 알 수 있을 것이다. 그분을 갈망했던 소수의 젊고 열정적인 신자들에 의해 그들은 주님께 문을 열어드린 다음 그분을 따르게 되었다.

미국에서 웨일즈어를 사용하는 식민지들과 다른 지역들은 급속히 부흥의 불이 타올랐다. 인도는 불에 완전히 휩싸여버렸다. 영국 전체가 영향을 받았으며 끊임없는 복음전도자들과 목사들, 성경교사들, 그리고 심지어 자신 안에 불타고 있는 복음으로 인해 가만히 앉아 있을 수 없던 새 신자들의 물결이 영국 본토에 끊임없이 밀어 닥쳤다. 스칸디나비아에는 아직도 웨일즈 부흥의 영향으로 생겨난 수백 개의 교회들이 있다. 위대한 중보자 리즈 하월즈(Rees Howells)는 웨일즈에서 선교지로 불을 운반한 젊은 복음전도자들 가운데 한 사람이었다. 복음전도자들과 선교사들의 물결이 아프리카와 아시아 대륙 전체를 휩쓸면서 땅끝까지 이르러 영혼을 구원하고 교회를 개척했으며 성경학교와 대학을 설립했다.

　런던의 스펄전 대학 출신의 한 젊은 라트비안 학생은 웨일즈에 임한 하나님의 불에 대한 소식을 듣자마자 학교를 그만두고 스완시(Swansea)로 향했다. 그곳에서 하나님의 성령이 그에게 너무나 강력하게 임한 나머지 그가 고국 러시아에 돌아가자 바로 거기에서 부흥이 시작되었다. 30년도 더 지난 후, 그 사람은 그때까지도 그의 사역에 끼친 웨일즈 부흥의 영향을 의식하고 있다고 증언했는데, 그것은 웨일즈 부흥의 영향을 받은 그의 사역이 곧바로 동유럽에서 수만 명이 그리스도께 돌아오고 2백 개 이상의 교회를 개척하는 열매를 맺었기 때문이었다. 아마 지구상의 거의 모든 나라에 사는 하나님의 사람들로부터 비슷한 간증이 나올 수 있을 것이다. 불은 분명 웨일즈를 중심으로 하고 있었지만 추수의 현장을 불타오르게 하기 위해 불꽃이 각지로 옮겨지고 있었다.

　유럽에서 사도적인 교회의 창립자인 D.P. 윌리엄즈와 W.J. 윌리엄즈 목사는 모두 웨일즈 부흥 기간에 회심을 경험했다. 그들은 회심의 불을 죽을 때까지 간직했다. 그들은 유럽에 있는 교회에 많은 영향을 주었으며 교회에 사도적 교회의 다스림을 회복시키는 일에 전념하는 전 세계적 운동을 시작했다. 그리고 그 운동은 오늘날까지 계속되고 있다.

　웨일즈 부흥의 특별한 영향이 없었다면 21세기의 교회가 어떤 모습이었을까 추측한다는 것은 불가능한 일이다. 비록 몇몇 교파들은 웨일즈 부흥을 하나님으로부터 온 것으로 인정하려고 하지 않지만 아마도 모든 교회와 모든 운동, 그리고 모든 교파가 그 강력한 하나님의 움직이심에 의해 어느 정도는 영향을 받고 변화되었을 것이다. 그러나 거의 모든 진정한 부흥이 늘 그렇듯이, 가장 큰 영향을 받은 사람은 비천하고 궁핍한 사람들이었다. 하지만 일단 영향을 받고 나면 그들은 더 이상 초라하고 궁핍한 상태로 머무르지 않고 당당하게 일어나 이 땅에서 진정한 왕족이며 만왕의 왕 되신 하나님의 아들과 딸이라는 자신의 운명을 붙잡았다. 이것은 교회뿐만 아니라 사회 전체에도 큰 변화를 가져왔다.

앞서 언급한 것처럼, 위대한 웨일즈 부흥만큼 그렇게 짧은 시간에 사회 전체에 그렇게 급격한 변화를 가져온 부흥은 아마 한 번도 없었을 것이다. 그렇지만 무엇보다 웨일즈 부흥의 가장 큰 영향은 아마도 아주사 거리 부흥을 점화시키는 데 쓰임 받을 사람들에게 미친 영향과 현대 교회에 미친 전례없는 영향을 들 수 있을 것이다. 웨일즈 부흥이 현대 교회에 미친 영향은 그렇게 짧은 시간이 아니라 1세기 이상의 시간 동안, 그리고 심지어 시대의 마지막까지 계속되어 왔다. 여기가 바로 우리의 다음 이야기가 계속되는 지점이다.

12장
씨앗

세워지는 건물의 강도와 수명은 그것을 떠받치고 있는 토대의 강도에 영향을 받게 되어 있다. 예수 그리스도의 기초 위에 세워지는 교회는 그분이 그러하시듯 영원토록 승리할 것이다. 어떤 것이든 다른 기초는 결국 무너질 것이다. 우리는 심지어 성령의 기초 위에 건축해서도 안된다. 그분은 우리를 예수님께로 인도하도록 보내심을 받았다. 따라서 우리가 행하는 모든 일에서 우리는 예수님을 추구해야 한다. 그렇지만 오직 성령만이 교회를 참된 기초 위에 세우실 수 있으며, 교회의 사역에서 성령님에 대한 열린 태도야말로 진정한 신약교회의 삶에서 가장 중요한 요소이다. 아마 1세기 이후 이것에 가장 크게 공헌한 자들은 로스 앤젤레스의 몹시 가난한 인근지역, 즉 아주사 거리에 있던 오래되고 부서진 사회구제시설에서 부흥을 이끌었던 위대한 성도들일 것이다.

사도 바울 역시 그 기초 위에 어떻게 세울 것인가 조심해야 한다고 경고했다. 모든 "나무나 풀이나 짚"(고전 3:12을 보라)은 불타버릴 것이며 오직 "금이나 은이나 보석만이 그대로 남아 있을 것"이라고 그는 단언했다. 그러므로 교회들이나 운동들을 연구하면서, 우리는 "금이나 은이나 보석"으로 판명되어 그대로 남아 있을 것들이 무엇인지뿐만 아니라 "나무나 풀이나 짚"으로 판명되어 그대로 남아 있지 못할 것들이 무엇인지도 살펴보아야 한다. 그 위대한 사도는 또한 불이 모든 사역의 질을 시험할 것이라고 단언했다. 부흥의 불은 궁극적인 테스트 가운데 하나인데, 아주사에서 점화된 불은 거의 2천년 교회역사에서 가장 강력하고 가장 꺼지지 않는 불 가운데 하나였다.

오순절 운동의 시작은 대개 1906년 아주사 거리에서 성령의 쏟아부어짐으로부터 시작된 것으로 여겨진다. 아주사 거리 이전에도 성령세례를 경험하기도 하고 퍼뜨리기도 한 많은 강력한 사역단체들과 운동들이 있었지만 그들 중 어떤 것도 아주사 거리 부흥만큼 지속적인 영향을 주지 못했다. 아주사 거리 부흥이 진정한 시작이었으며 그것은 전진하는 교회에 오랫동안 사라지지 않는 무언가를 더해주었다. 그 운동은 변화를 겪어왔고 이제는 서로 다른 많은 흐름들을 가지고 있지만 우리는 아주사에서 시작되어 거의 모든 하나님의 운동의 근원이 되었을 뿐만 아니라 아주사 이후 1세기 동안 기독교의 방향을 정해준 것이 무엇인지 알 수 있다.

윌리엄 세이무어(William J. Seymour)와 프랭크 바틀맨(Frank Bartleman)은 아주사 거리 부흥과 가장 자주 연관되는 두 이름이다. 그들은 여러 가지 면에서 달랐지만 두 사람 모두 주님을 알고 그분의 능력이 교회에 회복되는 모습을 보고자 하는 특별한 갈망을 가진 젊은이였다. 세이무어는 그 부흥운동에서 의심의 여지가 없는 지도자였다. 그는 지구상에 운동을 출산하는 권위를 가지고 있었다. 바틀맨은 천국에서 권위를 가지고 있는 것처럼 보이는 중보자였다.

이 두 사람이 너무나 달랐기 때문에, 그들의 이야기는 우리에게 아주사 거리 부흥에 대해 전혀 다른 두 가지 관점을 제공한다. 그렇지만 그 두 가지 다른 그림은 서로 충돌하는 것이 아니라 서로를 보완하는 가운데 우리에게 보다 더 완전한 그림을 제공한다. 우리는 주로 세이무어의 관점과 바틀맨의 관점을 강조하게 되겠지만, 먼저 좀 더 먼 곳으로 되돌아가보아야 한다.

아주사의 조상

찰스 폭스 파햄(Charles Fox Parham, 1873-1929)은 캔사스의 토페카에 있는 성경학교를 관장했다. 그는 진정한 영적 아버지였으며, 많은 이들이 그를 현대 오순절 운동의 아버지로 간주한다. 비록 그가 후에 자신이 낳은 많은 영적 자녀들을 거부하게 되지만, 이 운동에서 그의 역할은 분명히 인식되고 이해되어야 한다.

파햄은 하나님을 찾는 사람으로서 성경적인 기독교와 그 당시 교회의 상태 사이에 큰 간격이 존재한다고 보았는데, 그것 때문에 그는 그것을 해결하고자 끊임없는 영적 도전 가운데 살았다. 그는 자신이 기독교의 참되고 성경적인 모습으로 간주하는 것을 회복하기 위해 주님을 추구했다.

1900년도의 신년 전야에 철야로 기도하는 동안, 그는 정확히 20세기의 여명이 시작된 자정 직후 1901년 1월 1일에 "방언으로 말하는" 혹은 "언어의 재능"이라는 영적 은사를 경험했다. 이 한 가지 사건이 20세기에 기독교를 정의하는 데 어떻게 사용될 지 그때는 거의 아무도 이해할 수 없었을 것이다.

방언으로 기도하는 것이나 다른 영적 은사를 사용하는 것은 교회 역사에서 결코 특이한 것이 아니다. 많은 개혁자들과 부흥운동가들이 그런 경험을 했다. 그렇지만 파햄의 경험은 소위 "충만한 시간," 혹은 회복된 진리를 추수하기에 무르익은 때에 터져 나왔다. 그의 경험은 적어도 부분적으로는 당시 교회가 메마르고 생기 없는 상태에 있었기 때문에 커다란 관심을 불러일으켰다. 뿐만 아니라 파햄은 감정주의자나 과장하는 사람이 아니라 오히려 그 반대의 사람으로 알려져 있었다. 그가 단호한 보수주의자라는 사실이 당시 그의 경험에 훨씬 더 큰 신뢰성을 부여해 주었다.

성령세례를 받은 지 2년 후, 파햄은 건강이 악화되어 친구들과 함께 머물 수 있는 휴스턴으로 이사하지 않을 수 없게 되었다. 기력을 회복하고 난 뒤, 그는 텍사스의 항구도시에서 또 다른 성경학교를 시작하였다. 그때 윌리엄 세이무어가 그의 학생으로 들어오지만 그가 흑인이었고 파햄은 엄격한 인종분리주의자였기 때문에 세이무어는 교실 밖에 앉아서 파햄이 그를 위해 살짝 열어둔 문틈으로 강의를 들어야 했다.

세이무어는 주님을 너무나 간절히 원한 나머지 주님께서 행하고 계신다고 느껴지는 것에 가까이 가기 위해서라면 어떤 굴욕이라도 기꺼이 감수하고자 했다. 그는 새로운 오순절이 교회에 다가오고 있다는 것과 파햄이 20세기의 여명에 경험했던 것이 장차 다가올 것을 예언적으로 보여주는 것임을 확신했다.

윌리엄 세이무어는 1870년 5월 2일 루이지애나의 센터빌(Centerville)에서 태어났다. 그는 예전에 노예였던 사이먼 & 필리스 세이무어(Simon & Phyllis Seymour) 부부의 아들이었다. 자유를 얻은 후에도, 세이무어 가족은 농장에서 계속 일했다. 어린 윌리엄은 몸과 영이 튼튼하게 자라면서 부모님의 발자취를 따랐지만 공식적인 교육은 거의 받지 못했다. 그는 성경을 읽기 위해 독학으로 읽는 법을 배웠다.

어린 윌리엄은 흑인에 대한 K.K.K단의 끊임없는 괴롭힘과 숨막힐 듯한 짐 크로우 법(Jim Crow laws)의 굴욕을 견뎌냈다. 그로 인해 세이무어는 예수 그리스도가 인간의 유일한 참 해방자임을 확신하게 되었다. 천연두에 걸려 한쪽 눈을 잃은 후에, 그는 사역에 헌신하여 예수 그리스도를 통해 모든 인간에게 주시는 참 자유의 복음을 전파하게 되었다.

거절이 전환점이 되다

1906년 1월, 세이무어는 그가 그렇게 오랫동안 추구해왔던 성령세례를 받지 못한 채 한 선교회의 회중을 목회하기 위해 파햄의 학교를 떠났다. 그곳에 도착한 지 몇 주 후, 그는 그 선교회의 회중 지도자들에게 거절당했다. 그들은 그가 새로운 오순절의 도래를 강조하는 것을 좋아하지 않았던 것이다. 세이무어는 정중한 사람이었기 때문에, 그와 마찬가지로 하나님을 더 경험해야 한다는 생각을 가진 몇몇 사람들을 데리고 작은 기도모임을 시작했다. 그들은 자신들이 하나님을 더 경험하게 될 때 기독교 세계가 영원히 변화되리라는 것을 전혀 알지 못했을 것이다.

위대한 지도자는 종종 거절 때문에 자신의 정해진 운명의 자리에 도달하게 된다는 것이 교회 역사에서 반복되어 나타나는 한 가지 주제이다. 우리는 이것이 성경에서도 반복되고 있음을 알 수 있다. 예를 들면, 요셉과 모세, 다윗, 그리고 주님 자신의 삶에서도 그런 일은 반복되어 나타난다. 우리 자신이나 사람들에 대한 철저한 실망은 하나님께 크게 쓰임 받는 데, 특별히 새로운 무언가를 시작하도록 쓰임 받는 데는 필수적인 선행 조건인 것처럼 보인다.

심지어 사람들의 거절에 대처하는 법을 배우는 것은 그리스도인이 되는 데 필요한 훈련지침 목록에 올라있다고까지 말할 수 있을 것이다. 우리는 그것 때문에 결코 놀라지 말고 우리를 절대로 떠나거나 버리지 않겠다고 약속하신 주님을 신뢰하며 계속해서 그분께 집중해야 한다. 그분은 또한 우리에게 일어나는 그런 모든 일을 우리의 유익을 위해서뿐 아니라 그분의 유익을 위해서도 사용하실 것이다.

세이무어가 로스 앤젤레스로 가기 오래 전에, 프랭크 바틀맨은 다가오는 사건에 대한 영적 기초를 준비해오고 있었다. 그는 목사가 아니라 주님과 그의 도시를 사랑하는 평신도였다. 그는 주님께서 로스 앤젤레스에서 역사하시는 것을 간절히 보고자 했으며, 그것을 위해 계속적으로 기도했다.

앞서 논의했듯이, 프랭크 바틀맨이 F.B. 마이어의 설교를 들은 것은 1904년 4월 8일이었다. 마이어는 런던 출신이었으며 웨일즈 부흥의 현장에서 막 돌아온 상태였다. 마이어는 부흥의 불 점화자가 아니라 운반자였다. 웨일즈 부흥에 대한 그의 진술은 그의 말을 들은 모든 이들의 희미한 영적 소망의 불길에 기름을 끼얹어 놓았다. 마이어의 말을 귀담아 들은 후, 프랭크 바틀맨은 그때부터 온전히 주님께 헌신하기로 약속했다. 많은 사람들이 중요한 순간에 그런 헌신의 결단을 하지만 바틀맨은 반드시 약속을 지키는 사람이었으며 또 실제로 그 약속을 지켰다.

최근 그의 세 살배기 딸의 죽음으로 마음이 무너져 있었기에, 바틀맨은 자신의 보물이 이제 하늘에 있다고 느꼈으며 이제부터는 복음을 위해 모든 것을 하기로 결단하였다. 그는 우체국과 은행, 공공건물, 술집, 그리고 심지어 매춘가에 까지 복음 소책자를 배포하기 시작했다. 그는 오랫동안 신실하게 일했지만 사람들이 변화되는 것을 거의 보지 못했다. 이것이 그로 하여금 더 강력한 영적 능력을 갈망하게 만들었다. 자신이 들은 바대로, 사람들만 변화시킨 것이 아니라 도시들까지 변화시킨 웨일즈의 부흥과 같은 종류의 부흥을 보기 원하는 커다란 부담이 그에게 임했다. 일을 더 많이 하면 할수록, 그는 놀라운 하나님의 운동이 로스 앤젤레스에 임하도록 하기 위해 더욱 더 간절한 마음의 고통을 갖게 되었다.

그때 바틀맨은 로스 앤젤레스에 일어날 일은 웨일즈에서 일어나고 있는 일과 다르리라는 것을 느끼지 시작했다. 그는 "또 다른 오순절"의 도래를 담대히 예언하기 시작했다. 이 당시에, 전 세계적으로 겉보기에 서로 아무런 관계가 없는 것처럼 보이는 많은 그리스도인들 안에서 1세기와 마찬가지로 성령의 은사가 다시 한 번 교회위에 부어지기 원하는 기대감이 점점 커지고 있었다. 그것은 그런 일이 마지막 날에 일어날 것이라고 약속하고 있는 요엘서 2장과 사도행전 2장의 성경적인 예언을 강조한 결과였다. 이런 식으로 성령님이 임하셨을 때 그 운동이 빠른 속도로 확산될 수 있는 땅이 실제로 기경되고 있었다. 하나님의 완벽한 타이밍에, 그런 사람들 여러 명이 아주사 거리의 마굿간을 개조하여 만든 작고 초라한 선교회에 함께 모이게 되었다.

단지 한 사람에게만 집중되지 않았다는 것은 아주사 거리 부흥의 독특한 요소들 가운데 하나이다. 바나바가 사도로서의 부르심으로 풀려날 수 있기 전에 먼저 가서 사울을 찾아야 했던 것처럼 우리 자신의 운명도 우리가 겸손하게 그분의 목적 안에서 우리와 함께 할 자들을 찾는 데 달려 있는 경우가 종종 있다. 심지어 예수님께서도 그분 자신의 부르심을 진행하시기 전에 먼저 세례 요한의 사역에 자신을 복종시키셨다. 주님은 우리 모두가 서로를 필요로 하도록 계획해 놓으셨다. 우리가 다른 사람들과 연합하기 위해 우리 자신을 낮추면 낮출수록 우리는 결국 그만큼 더 많은 열매를 맺게 될 것이다.

5월 첫날, 파사데나(Pasadena)의 레이크 애버뉴 감리교 감독교회(Lake Avenue Methodist Episcopal Church)에서 작은 부흥이 일어났다. 중보자들이 파사데나의 부흥을 위해 기도해오고 있었는데, 주님께서 그들의 기도에 응답하셨다. 바틀맨은 그 교회를 방문하여 깊은 감동을 받았다. 그 제단은 구원을 찾는 영혼들로 가득차 있었는데, 그로 인해 주님께서 로스 앤젤레스에서도 그와 같이 역사하시는 것을 보아야겠다는 그의 결심이 더욱 커지게 되었다.

그날 밤 그는 자신의 일기장에 예언적인 기록을 남겼다. 그는 자신이 가까이 다가왔다고 확신하는 부흥을 곁길로 빠지게 만들 것이 확실한 장래의 위험들을 하나 하나 기록하기 시작했다. 그는 많은 교회들이 만족스런 상태에 있기 때문에 부흥이 그들을 지나쳐 갈 것이라고 기록했고, 궁극적인 성공이나 실패는 그들이 하나님의 은혜를 구할 만큼 계속해서 겸손한 상태를 유지하는 데 달려 있을 수 있다고 기록했다. 그는 만약 부흥에서 쓰임받은 자들이 스스로 중요한 존재라는 느낌에 사로잡히게 되면 그 위대한 영적 기회는 상실되고 말 것이라고 느꼈다. 그는 다음과 같이 기록했다:

하나님은 항상 겸손한 사람들을 찾으셨다. 그분은 다른 어떤 사람도 사용하실 수 없다... 하나님께서 꾸준히 오실 수 있으려면 먼저 항상 겸손하고 구별된 마음의 준비가 절박하게 필요하다. 어떤 부흥이든지 그것의 깊이는 정확히 회개의 영에 의해 결정될 것이다. 실제로, 그것은 하나님으로부터 나오는 모든 진정한 부흥의 열쇠이다.

그 후에 바틀맨은 S.B. 쇼(Shaw)가 쓴 『웨일즈 대부흥』(The Great Revival in Wales)를 읽고 그의 마음속에 있는 불을 더 이상 감당할 수 없게 되었다. 그는 세상의 직업을 포기하고 전임사역에 자신을 헌신했다. 그는 부흥을 보든지 아니면 죽든지 해야겠다는 지점에까지 이르렀다. 성령 안에서 하나님의 운동에 대한 배고픔이 너무나 커서 그는 심지어 식욕을 잃어버리기까지 했다. "사람이 떡으로만 살 것이 아니요" 그는 자신을 걱정하는 사람들에게 그렇게 선언했다. 마음 속으로 그는 거대한 하나님의 운동에 참여할 기회를 놓치느니 차라리 죽는 것이 더 나을 거라는 결론을 내린 적이 있었다. 그는 하나님께 자신을 완전히 내어던져 버렸기에 다른 어떤 대안도 가지고 있지 않았다. 만일 하나님께서 움직이지 않는다면 그에게는 삶 속에서 믿을 만한 것이 아무것도 없었다. 주님께 대한 그런 배고픔과 초점, 그리고 지속적인 헌신이 아주사 부흥의 영적 DNA속에 자리를 잡게 되었다.

바틀맨은 『웨일즈의 부흥』(Revival in Wales)이란 캠벨 몰간의 소책자를 나눠주면서 하루 종일 사람들과 이야기하기 시작했다. 그 소책자는 많은 이들의 마음에 아주 깊은 감동을 주었다. 도시 내에 성령의 강력한 부어짐을 위해 기도하도록 몇몇 사람들이 모아지고 있었다. 바틀맨은 하나님께 너무나 강력하게 사로잡힌 나머지 한밤중에 잠에서 깨어나 큰 소리로 하나님을 찬양하기 시작했다. 그는 그런 시간에 대해 이렇게 기록했다:

> 나는 이제 밤낮으로 하나님께서 놀라운 일을 행하실 것을 믿으라고 스스로를 권면하며 지내고 있었다. 부흥의 영이 나를 사로잡으셨다. 예언의 영도 나에게 강하게 임하였다. 나는 부흥에 대한 확실한 "믿음의 은사"를 받은 것 같았다. 우리는 분명히 다가올 놀라운 날들의 시작점에 있었으며, 나는 계속해서 강력한 부으심에 관해 예언했다.

이 당시에 주님을 향한 바틀맨의 열정이 너무나 컸기 때문에 그의 아내와 친구들은 그의 목숨을 염려하기 시작했다. 그가 기도하기 위해 너무나 많은 잠과 너무나 많은 식사를 걸러서 그들은 그가 그리 오래 갈 수 없다고 생각했다. 절제하라는 그들의 간청에 대한 그의 반응은, 부흥을 보지 못하느니 차라리 죽는 게 낫다는 것이었다.

시편 104:4은 주님께서 그의 사자들을 "불꽃"으로 만드신다고 말씀한다. 이것은 주님께서 엠마오 도상의 두 제자에게 나눠 주셨던 것인데, 곧 하나님의 아들에 대한 메시지로 불타는 마음이다. 바틀맨과 세이무어는 모두 대단한 사자들이었다. 그들 안에서 타올랐던 불은 끌 수 없었다. 이것 때문에 그들은 아마도 역사상 가장 위대한 것이었다고 말할 수 있는 부흥을 태동케 하는 데 쓰임 받게 되었다.

13장
열기가 더해지다

6월 17일, 바틀맨은 제일침례교회의 집회에 참석하려고 로스 앤젤레스로 갔다. 그곳에서 사람들이 성령의 쏟아 부어짐을 위해 하나님을 앙망하고 있었기 때문이었다. 그 교회의 목사인 조셉 스몰리(Joseph Smale)는 방금 전에 웨일즈에서 돌아온 상태였다. 그는 그와 동일한 방문하심과 축복을 로스 앤젤레스에 있는 자신의 교회에도 임하게 하려는 열정으로 가득차서, 성령의 쏟아 부어짐을 위해 주님을 찾고자 매일 밤낮으로 집회들을 열고 있었다.

스몰리 목사의 교회를 가끔씩 방문하면서, 바틀맨은 사람들이 뭔가를 하려면 목사를 기다려야 한다는 사실에 실망하게 되었다. 그들은 목사가 올 때까지는 기도조차 하려고 하지 않았다. 그로 인해 바틀맨은 혼자서 예수님에 대한 더 깊은 계시를 추구하고 싶은 마음이 일어났다. 그는 잠깐 잠깐씩 잠들 뿐이었고 한밤중에도 한 번에 여러 시간씩 기도하며 주님을 찾기 위해 깨어나는 경우도 자주 있었다. 그는 어떤 것보다 그분과의 더 친밀한 관계를 갈망했다. 주님께로 가까이 가면 갈수록 그만큼 더 육신적으로 힘들게 느껴졌지만 그는 개의치 않았다. 그는 "그의 고난에 참예함,"(빌립보서 3:10을 보라) 즉 주님께서 잃어버린 자들을 향해 느끼시는 고통을 알고 싶었다. 그는 무언가를 경험하기 시작하였는데, 나중에야 그것이 "...말할 수 없는 탄식"(로마서 8:26)이라는 것을 깨닫게 되었다.

한 천막집회에서 바틀맨은 에드워드 뵈머(Edward Boehmer)를 만났는데, 그는 지난 봄에 막 회심한 사람이었지만 그와 동일한 기도의 부담을 가지고 있는 것 같았다. 그들은 즉시 영으로 하나가 되었으며 부흥을 향한 서로의 열정을 더욱 뜨겁게 하는 것 같았다. 바틀맨은 후에 이렇게 말했다. "그 무렵쯤에 나의 삶은 말 그대로 기도에 완전히 삼켜져버린 상태였다. 나는 밤낮으로 기도하고 있었다."

바로 그 시기에 바틀맨 안에서 한 가지 염려가 일어나기 시작했는데, 그것은 자신이 웨일즈 부흥에 대해 너무 지나치게 강조하고 있지는 않나 하는 것이었다. 처음으로 그의 마음을 뒤흔들어 놓았던 것은 분명 그 대부흥에 관한 소식이었지만 그는 웨일즈 부흥처럼 모든 사람이 부흥을 위해 기도하는 것에 대해 불편한 마음을 갖게 되었다. 그는 하나님께서 로스 앤젤레스에서는 뭔가 다른 일을 행하기 원하신다고 느끼기 시작했으며 사람들이 거기에 마음이 열리기를 원했다.

그렇지만 바틀맨은 그 후에 웨일즈의 에반 로버츠에게 편지를 써서 캘리포니아를 위해 기도해 달라고 부탁했다. 로버츠는 그러겠다는 답신을 보내왔으며, 이것이 로스 앤젤레스의 교회가 웨일즈 부흥의 지도자들과 처음으로 연결된 시점이었다. 로버츠는 그들에게 이렇게 권고했다: "전적으로 항복하기로 자원하는 마음을 가진 사람들을 함께 모으십시오. 기도하며 기다리십시오. 하나님의 약속을 믿으십시오. 매일 집회를 가지십시오." 이 편지가 바틀맨의 용기를 크게 북돋워주었다. 성령님은 이제 확실히 캘리포니아에서 운행하고 계셨다. 죄에 대한 자각이 사람들 사이에서 빠른 속도로 확산되고 있었고, 그들은 스몰리 목사의 교회에서 열리는 집회들에 도시 곳곳으로부터 모이고 있었다.

바틀맨의 권면 때문에, 사람들은 점차 성령께서 집회를 인도하시도록 맡겨드리기 시작하였고 스몰리 목사만 바라보고 있지 않게 되었다. 이처럼 전적으로 성령의 인도하심에 맡기는 것은 사실 웨일즈 부흥의 모델이었고 웨일즈 부흥이 교회에 제공한 뛰어난 공헌들 가운데 하나였다. 이제는 집회가 사람의 손에 의해 인도되지 않고 있었지만 영혼들이 건물 전체에서 구원받고 있었다. 그로 인해 부흥의 물결이 급물살을 타게 되었고 사람들을 분리시키는 장벽들이 그 물살에 휩쓸려 내려가고 있었다.

성령이 맨 처음 쏟아 부어질 때 제자들이 오순절날에 "마음을 합하여"(사도행전 2:1을 보라) 모였던 것처럼, 성령께서 강력하게 운행하시기 전에는 항상 먼저 사람들이 하나가 되어야 한다. 이제 하나됨이 로스 앤젤레스의 많은 사람들에게 실현되고 있었으므로 이제 막 점화기에 불을 붙이려고 대기중인 성냥이 아주 가까이 근접했음을 누구나 감지할 수 있었다.

그 무렵에는 집회들이 낮과 밤에만 진행되는 것이 아니라 밤새도록 진행되는 경우도 종종 있었다. 사람들 안에 주님을 향한 거의 억제할 수 없는 열정이 있었고 그것이 계속적으로 확산되어갔다. 스몰리 목사 또한 "교회에 사도적 은사의 급속한 회복"을 포함하여 다가올 놀라운 일들에 관해 예언하기 시작했다. 사람들은 로스 앤젤레스가 성령이 처음으로 사람들 안에 거주하시기 위해 임하셨던 예루살렘의 모형인 것처럼 느끼기 시작했다. 1906년 6월까지, 사람들의 기도는 웨일즈 부흥과 같은 또 하나의 부흥을 위한 기도에서 "또 다른 오순절"을 위한 기도로 바뀌어 있었다.

7월 3일, 바틀맨과 뵈머가 파사데나의 한 집회장에서 기도하고 있을 때 그런 부담이 거의 감당할 수 없을 만한 지경에 이르게 되었다. 그들은 해산하고 있는 여인처럼 울부짖었다. 그 부담이 마침내 떠나갔을 때 그들은 자신을 덮고 있는 것 같은 고요함을 만끽하면서 잠시 가만히 앉아 있었다. 그때 갑자기 주 예수님께서 나타나셔서 그들 사이에 서셨다. 그들은 감히 움직이지도 못했다. 사랑이 그들을 휩쓸고 지나갔고, 그들은 타오르는 불이 자신을 통과해 지나가는 것처럼 느꼈다. 바틀맨은 그것을 나중에 이렇게 기록했다.

...나의 온 존재가 그분 앞에서 마치 불 앞의 밀랍처럼 녹아내리는 것 같았다. 나는 시간이나 공간에 대한 모든 의식을 잃어버린 채, 오직 그분의 놀라운 임재만을 의식하고 있었다. 나는 그의 발에 엎드려 경배했다. 그것은 틀림없는 변화산인 것 같았다. 나는 순

수한 성령에 완전히 빠져 있었다. 주님은 나에게 아무 말씀도 하지 않으셨지만 그분의 임재로 우리의 영을 완전히 압도해버리셨다. 그분은 우리에게 힘과 확신을 불어 넣으심으로 그분을 섬기도록 하시기 위해 오신 것이었다. 우리는 이제 그의 고난에 동참하여 "영혼을 위한 산고"의 사역을 행하는 그분의 동역자임을 알았다. 진정한 영혼 산고는 육체적인 인간의 산고와 똑같이 영 안에서도 너무나 분명하다. 이 비유는 거의 완벽하게 일치한다. 어떤 영혼도 이것이 없이는 결코 태어나지 못한다. 모든 진정한 구원의 부흥은 이런 식으로 일어난다.

바로 이 시기에 바틀맨의 기억 속에 다음과 같은 진리가 되살아나게 되었는데, 그는 이것이 부흥의 요지라고 느끼게 되었다. "부흥의 깊이는 정확히 회개의 영의 깊이에 의해 결정될 것이나. 그리고 그것은 모든 시대, 모든 사람에게 계속해서 유효할 것이다."

스몰리 목사의 교회에 임한 부흥의 영은 도시를 넘어 급속도로 퍼지고 있었다. 모든 영적 배경을 대표하는 헌신된 중보자들이 전 지역으로부터 왔다. 얼마 안 가서 그들은 단지 로스 앤젤레스에서 부흥을 보려는 것으로부터 나라를 위해 기도하는 것으로 비전을 확장시켰다. 그런 다음 그들은 믿음의 발걸음을 한 걸음 더 내디뎌 땅끝까지 미칠 부흥을 위해 기도하기 시작했다. 이 기도들은 나중에 응답되게 되었다.

바틀맨은 당시에 쓴 자신의 일기장에서 다음과 같이 기록했다. "예언의 영이 대규모로 강력한 일을 이루기 위해 우리 가운데서 역사하기 시작했다." 스몰리의 교회를 다시 방문하고 있는 동안, 바틀맨은 특별히 믿음과 영분별, 치유, 그리고 예언을 위해 기도하도록 인도하심을 받았다. 그들이 몇 달 전에 부흥을 위해 기도하기 시작했을 때는 아무도 큰 믿음을 가지고 평범한 것을 뛰어넘는 뭔가를 향해 나아가지 못하는 것 같았다. 믿는 이들을 덮어 가리는 휘장처럼 교회의 현 상태에 대한 회의주의가 그들 가운데 팽배했었다. 끈질긴 중보로 이런 태도는 변화되었다. 이제 그들은 구체적인 것들만이 아니라 위대한 것들을 위해서도 기도할 수 있는 믿음뿐만 아니라 위대한 것들을 예언할 만한 믿음도 가지고 있었다.

바틀맨이 「파사데나 데일리 뉴스」(Daily News of Pasadena)에 글을 실어 스몰리 목사의 교회에서 본 것을 자세히 설명한 것은 바로 그때였다. 그것이 출판되자, 그 신문 발행인이 직접 나와서 무슨 일이 일어나고 있는지 보아야겠다는 느낌을 갖게 되었다. 그는 큰 죄책감을 느껴 제단에 나와 간절히 하나님을 찾았다. 그런 다음 그는 직접 글을 썼는데, 그것이 나라 전역에 있는 수많은 성결교 신문에 게재되었다. 그 글의 제목은 "내가 로스 앤젤레스 교회에서 본 것"이었다. 이 글로 인해 그곳에서 일어나고 있는 일에 대한 전 국가적인 관심이 생겨나기 시작했다.

집회들이 거의 4개월 동안 제일침례교회에서 날마다 열린 후에, 그 교회의 직원들은 지친 나머지 옛 질서로 되돌아가고 싶어했다. 스몰리 목사는 부흥운동을 중단하든지 나가든지 하라는 통보를 받았다. 그는 떠나기로 선택했다. 그런 다음 그는 신약교회(New Testament

Church)를 조직했는데, 바틀맨이 창립멤버가 되었다. 그럼에도 불구하고 그는 그런 조직에 대한 반감을 표현했다. 그는 청중이 발견되는 곳이면 어디서든지 날마다 계속해서 설교할 뿐이었고 그 중간에는 끊임없이 기도했다.

14장
영혼의 어둔 밤

그토록 강렬한 수준으로 모여 기도하면서 여러 달이 지나자 많은 이들이 지쳐서 떨어져 나가기 시작했다. 더해져 가고 있던 영적인 열기가 썰물처럼 빠져나가기 시작했다. 마치 이스라엘 자손이 엄청난 열정으로 애굽을 떠났지만 약속의 땅에 건너가기 전에 그 열정이 광야에서 빠른 속도로 식어버린 것과 같았다. 성령이 처음 교회에 주어지던 오순절 직전뿐만 아니라 웨일즈 부흥이 터져 나오기 직전에도 그와 똑같은 일이 일어났었다. 500명 이상이 부활하신 그리스도를 보았고 예루살렘에서 성령의 선물을 기다리라는 지시를 받았지만 성령세례가 임했을 때는 오직 120명만이 남아 있었다.

이 시기 동안에도 바틀맨의 열정은 줄어들지 않았다. 중보의 부담이 그를 너무나 강하게 사로잡은 나머지 그는 거의 계속적으로 금식하며 기도했다. 그의 아내나 친구들이 그가 오래 살지 못할까 두려워 필사적으로 그를 중단시키려고 설득했지만 아무도 성공하지 못했다.

바틀맨은 후에 자신이 겟세마네에서 주님과 함께 있는 것처럼 느껴졌다고 말했다. 그는 심지어 영혼의 산고가 그에게 너무나 엄청난 분량으로 임하여 자신이 그의 기도에 대한 응답을 보지 못할 것이며 그런 강렬함의 상태에서는 그리 오래 살지 못할 것이라고 생각하기 시작했다. 하지만 그래도 그는 멈추지 않았다.

어떤 사람은 바틀맨이 제정신을 잃어가고 있다고 믿기 시작했다. 그가 무슨 일을 겪고 있는지 이해할 수 있는 사람은 거의 없었다. 이것이 바울로 하여금 목숨을 걸고 금식하며 기도하고 "깨어 기도하는 일"(철야기도)에 전념하도록 몰아간 사도적 중보였다. 그는 복음을 위해 매 맞는 것과 돌에 맞는 것, 혹은 다른 어떤 것이라도 기꺼이 감당하기로 결단한 사람이었다. 자연적인 인간에게는 이것이 어리석은 것이지만 그런 일들은 자연적인 인간은 이해할 수 없는 성령의 일이다. 이기적인 사람은 희생을 도저히 이해할 수 없다. 바틀맨은 "자기 목숨을 구원코자 하는 자는 잃을 것이요"라는 믿음을 고수했다. "내가 진실로 진실로 너희에게 이르노니 한 알의 밀이 땅에 떨어져 죽지 아니하면 한 알 그대로 있고 죽으면 많은 열매를 맺느니라"(요한복음 12:24) 그는 자신이 죽어야 한다고 할지라도 개의치 않았다. 그에게는 현재의 목숨보다 부흥이 더욱 더 필요했다.

신약교회(New Testament Church)는 스몰리 형제에 의해 시작되었는데, 너무나 많은 부차적인 문제들에 매달린 나머지 그들은 기도에 대한 흥미를 잃어가기 시작했다. 그들이 부흥을 위한 부담을 짊어지는 데서 떠나 표류함에 따라, 바틀맨도 그들에게서 점점 마음이 떠나게 되었다. 많은 이들이 시작은 견고하지만 오래 견디지를 못한다. 프랭크 바틀맨은 혼자 해야만 한다 할지라도 하나님의 불이 떨어질 때까지 기도하기로 결단했다.

바틀맨은 부흥과 기도에 대한 굽히지 않는 열정을 계속해서 유지했지만 신약교회가 그 자리에서 떠나면서부터 그를 반대하는 의견이 그 교회 안에서 일어나기 시작했다. 어떤 이들은 그의 기도모임을 중단시키기 위해 애를 썼다. 주님의 뜻은 무엇인지 그분께 물었을 때, 바틀맨은 주님의 영광을 대면하게 되었다. 그의 질문에 직접적으로 대답하시지 않은 채, 주님은 그 문제를 해결해 주셨다. 바틀맨은 하나님의 임재에 중독되었기 때문에 기도 없이 사느니 차라리 공기 없이 사는 편을 택하고자 하였다. "우리는 사람이 아니라 하나님께 순종해야 합니다." 어떻게 할 것이냐는 질문을 받았을 때 그는 그렇게 단언했다.

바틀맨이 부흥을 위한 소망에서 떠나버린 많은 사람들의 가슴에 다시 불을 지피는 또 하나의 글을 쓴 것은 바로 그 시기였다. 그 글에서 그는 아래와 같이 곧 성취될 예언으로 끝을 맺었다:

"영웅은 어둡고 멸시 받는 환경의 먼지더미에서 일어날 것이며, 그의 이름은 천국의 영원한 기념책에 화려하게 기록될 것이다. 성령께서 창조의 새벽, '빛이 있으라!' 하신 하나님의 명령이 떨어졌을 때처럼 또 다시 이 땅 위를 운행하고 계신다. 형제, 자매여, 우리 모두가 하나님을 믿는다면 어떤 일이 일어날지 알 수 있겠는가? 이곳의 우리가 살아가는 이유는 그것 외에는 아무것도 없다. 엄청난 양의 믿음의 기도가 밤낮으로 보좌에 상달되고 있다. 로스 앤젤레스, 남부 캘리포니아, 그리고 대륙 전체가 틀림없이 머지않은 장래에 하나님의 성령과 능력으로 강력한 부흥의 한 가운데 있게 될 것이다."
(「믿음의 길」, 1905년 11월 16일)

신약교회에서 예배를 드린 후, 바틀맨과 몇몇 사람들은 주님께서 빨리 "따르는 표적과 함께" 성령을 쏟아 부어주시도록 기도하기 시작하라는 인도하심을 받았다. 그들은 "방언"을 염두에 두고 있지 않았으며 당시에는 그런 것에 대해 들어보지도 못했고 생각해본 적도 없었다고 후에 주장했다. 그것은 1906년 2월에 일어난 일이었다.

3월 26일, 바틀맨은 보니 브래 거리(Bonnie Brae Street)의 오두막집회에 갔다. 백인과 흑인 신자들이 함께 기도하기 위해 그곳에 모여 있었다. 그는 최근에 텍사스에서 돌아온 윌리엄 세이무어를 바로 거기서 만났다. 그 집회에 관해 기록한 일기장에 그는 세이무어에 관해서 다음과 같은 짧은 메모를 남겨놓았다: "그는 흑인이었고 한쪽 눈이 보이지 않았으며 매우 수수하고 영적이며 겸손한 사람이었다. 그는 보니 브래 거리의 집회들에 참석했다."

바틀맨이 세이무어를 만난 순간은 그에게 있어 영혼의 어둔 밤 이후 새벽이 시작되는 순간이었다. 두 사람 모두 부흥을 향한 열정, 특히 "또 한 번의 오순절"을 향한 열정으로 호흡하며 살았다. 그들은 어떻게 함께 일할 것인가 의논하기 위해 자리에 앉은 적도 없었던 것 같다. 하지만 그 두 사람 중 어느 한 사람이 없었더라면 분명 아주사 거리 부흥은 불가능했을 것이다. 한 사람은 니트로였고 다른 사람은 글리세린이었다. 두 사람 모두 혼자서는 대단한 일을 이루지 못했지만 둘이 힘을 합치자 기독교 세계 전체를 뒤흔드는 강력한 폭발이 일어났다.

주님은 여전히 제자들을 둘씩 둘씩 짝지어 내보내신다. 우리가 누구이며 주님이 우리에게 무엇을 맡기셨는가에 관계없이, 우리는 다른 사람들이 없다면 부름받은 목적을 제대로 성취할 수 없을 것이다. 바울과 바나바의 만남처럼, 세이무어와 바틀맨의 만남은 기독교 역사에 큰 경계선 중 하나로 기록되고 있다.

15장
불이 아주사에 떨어지다

                   세이무어는 선교회의 거절 속에서 하나님의 손을 깨달았으며 작은 가정 기도모임을 섬기는 데 만족했다. 그 기도모임은 여러 달 동안 정기적으로 모였다. 세이무어는 땅에 있는 것들의 출현이 아니라 하나님께서 하늘로부터 보내실 것에 소망을 두었다. 10일간의 금식기도를 하는 동안에, 세이무어와 그 작은 모임의 다른 사람들은 다른 영적 은사들뿐만 아니라 방언의 은사를 받는 등 극적으로 성령세례를 받았다.

  앞서 언급한 것처럼, 그것은 역사적으로 볼 때 특별한 것이 아니었지만 그 경험 자체가 실제적인 운동이 되었던 적은 한 번도 없었다. 하지만 이번에는 그랬다. 소문이 "마른 장작에 불이 붙듯이" 퍼져나갔으며, 첫 번째 오순절처럼 수많은 무리들이 세이무어의 기도모임에서 일어난 일을 보러 왔다. 이러한 관심은 프랭크 바틀맨의 끊임없는 기고문과 소책자, 그리고 도시 전역에 걸친 신실한 사역으로 더욱 뜨겁게 달아올랐음이 분명하다. 그는 그런 것들을 통해 교회들과 기도모임들을 향해 "새로운 오순절"을 볼 수 있도록 주님을 찾으라고 계속해서 권면해오고 있었기 때문이다.

세이무어의 기도모임에 임한 경험에 대한 소식이 전해지자마자 관심을 가진 사람들의 큰 무리가 갑자기 그들에게 들이닥쳤다. 그 굶주린 사람들을 수용하기 위해, 그들은 흑인 빈민가 한가운데에 있는 오래되고 퇴락한 헛간 같은 건물을 빌려야만 했다. 당시에는 그 작은 거리 아주사가 머지 않아 "세계에서 가장 유명한 주소"가 될 것이라는 사실을 아무도 상상하지 못했다.

그 이전의 선교회 건물에는 봉당(dirt floor, 마루를 놓을 자리에 마루를 안 놓고 흙바닥 그대로 둔 곳-역자 주)이 있었는데 한 때는 말 대여소로 사용되기도 했었다. 그곳에 온 많은 사람들이 주님도 바로 그런 곳에서 태어나셨다고 언급했다. 임대료는 한 달에 8달러밖에 되지 않았지만 9백 명까지 수용할 수 있었다. 그렇지만 몰려드는 군중을 수용하기 위해 예배는 얼마 안 있어 거의 24시간 진행되고 있었다.

찰스 파햄에게서 불꽃처럼 시작되었던 것이 이제는 야외의 불길로 퍼지게 되었다. 그것은 전 세계적으로 수백만 명의 관심을 사로잡게 되었으며 지구상에 알려진 모든 나라들을 향해 빠른 속도로 퍼지게 되었다. 애꾸눈의 옛 소작인이 인도하는 작고 초라한 기도모임이 기독교에서 새로운 시대의 시작을 낳는 모판이 되었다.

4월 15일 주일 아침, 보니 브래 집회에서 온 한 흑인 자매가 신약교회의 예배에 참석하여 방언으로 기도했다. 그것은 엄청난 소동을 일으켰다. 거의 첫 오순절날 때와 마찬가지로, 사람들은 예배가 끝난 후 무슨 일이 일어나고 있는지, 그리고 그것이 무슨 의미가 있는지 묻기 위해 작은 무리를 이루어 보도에 모였다.

보니 브래에서 그 작은 그룹은 성령의 쏟아 부으심을 위해 간절히 기다려오고 있었다. 4월에 성령님은 첫 번 오순절날과 비슷한 방식으로 임하신 바 있었다. 바틀맨은 그 주일 아침에 그런 소식을 듣고서 즉각 보니 브래로 갔다. 그리고 후에 그날에 대해 다음과 같이 기록했다:

우리는 승리를 위해 여러 달 동안 기도해 오고 있었다. 예수님은 이제 많은 사람들에게 다시 "자신의 살아 계심을 보이고" 계셨다. 선구자들은 무리들이 따라올 수 있도록 돌파해 들어간 상태였다. 그 모임에는 전반적으로 겸손의 영이 드러나고 있었다. 그들은 하나님과 친밀해져 있었다. 분명히 주님은 마침내 그분이 마음대로 역사하시도록 통로가 되어드릴 작은 무리를, 늘상 그렇듯이, 외부에서 찾아내셨다. 하나님은 그 일을 행하시기 위해 인정된 선교회를 선택하지 않으셨다. 그들은 사람들의 손 안에 있어서 성령님께서 일하실 수 없었다. 훨씬 더 자만심에 빠져 있던 자들은 모두 실패했다. 사람이 높이 평가하는 것은 다시 한 번 하나님의 역사에서 제외되었으며 교회의 조직 바깥에 있던 겸손한 "마굿간"에서 성령의 역사는 다시 시작되었다.

모든 성령의 쏟아 부으심을 위해서는 회개와 겸손에 젖은 육체가 준비되어야 한다. 종교개혁의 설교는 비텐베르크의 광장 한가운데 있던 황폐한 건물에서 마틴 루터에 의해 시작되었다. 드아우비그네(D'Aubigne)는 그것을 다음과 같이 묘사한다: "비텐베르크 대학 광장 한가운데 길이 30피트, 넓이 20피트의 오래된 목조 교회당이 있었는데, 그 벽은 사면에 버팀목을 댄 채 폐허가 되어가고 있었다. 널빤지로 만들어진 3피트 높이의 오래된 강단이 그 설교자를 영접했다. 종교개혁의 설교가 시작된 곳은 바로 이 비참한 장소였다. 하나님의 영광을 회복하는 데 쓰임받을 것은 가장 비천한 환경 가운데 있어야 한다는 것이 하나님의 뜻이었다. 말하자면, 하나님께서 그의 사랑하는 아들을 두 번째 태어나도록 의도하신 곳은 바로 이런 비참한 환경이었다. 세상을 가득 메우고 있는 수천 개의 대성당과 교구교회들 사이에는, 하나님께서 영생에 관한 영광스런 설교를 위해 선택하신 경우가 단 한 번도 없었다."

역사 속에 일어난 대부분의 위대한 하나님의 운동들과 마찬가지로, 그 위대한 오순절 부흥이 시작되었을 때, 일어나고 있는 그 사건의 의미가 무엇인지 깨닫는 사람은 거의 없었다. 심지어 그 부흥의 도래를 예언하는 데 쓰임 받았던 사람들까지도 그 의미를 깨닫지 못했다. 그것은 대규모 군중집회로 시작된 것이 아니라 작은 기도모임으로 시작되었다. 그것이 바로 그리스도인 됨으로 경이로움과 두려움의 한 부분이다.

우리가 전능하신 하나님, 곧 말씀을 세계를 창조하신 분에 대해 이야기할 때, 그분이 숨을 불어넣기로 작정하신 것은 무엇이든지 인간의 모든 이해를 뛰어넘는 결과를 얻게 될 것이다. 그분은 하나님이시기 때문에 가장 초라한 기도모임을 취하여 세계를 뒤흔드는 데 사용하실 수 있다. 그분이 겸손한 자들과 약한 자들, 그리고 심지어 어리석은 자들까지도 사용하기를 기뻐하시기 때문에 보잘 것 없는 모임이라도 역사적인 결과를 가져올 수 있는 것이다. 이런 이유로, 우리는 그분을 아는 자들의 가장 초라한 모임조차도 그 잠재력을 결코 의심해서는 안된다. 두 사람 이상이 모일 때마다 그분은 거기 계실 것이다. 단 두 사람이 함께 마음을 합할 수만 있다면 어떤 것이든 가능하다.

주님은 대개 준비 기간 후에 위대한 일을 행하신다. 그분은, 프랭크 바틀맨처럼, 주님과 그분의 목적을 향해 너무나 강렬한 열정에 사로잡힌 나머지 그 열정을 다른 사람들에게 나눠주는 남녀 종들을 사용하신다. 불은 일단 붙기만 하면 그 다음에는 모든 인간적인 경계선을 뛰어넘어 사람이 통제할 수 없는 데까지 나아갈 수 있다.

하나님의 위대한 운동을 점화시키는 데 사용된 모든 위대한 영적 선구자들은 적어도 처음에는 그들이 보내심을 받아 깨우러 간 교회들에게 무모하고 위험한 존재로 비쳐졌다. 세이무어와 바틀맨도 여기에 예외가 아니었다. 그들은 하나님을 너무나 원한 나머지 다른 사람이 어떻게 생각하든지 개의치 않았다. 그들은 자기 시대의 현존하는 한계선 안에 살 수 없었다. 그래서 그들은 그 한계선을 확장하는 데 사용을 받았다. 그런 다음 성령님에 대한 그들의 굴복은 그들을 따르기 원하는 수백만 명의 사람들을 유익하게 하는 데 사용되었다.

  시작부터 아주사는 놀라울 정도로 독특하게 수많은 규범들을 깨뜨렸다. 심지어 첫 집회에서도 아주사로부터 출산되는 거대한 운동들의 씨앗을 볼 수 있었다. 다음은 바틀맨이 아주사 거리의 그 작은 선교회를 처음 방문한 후에 직접 기록한 내용이다:

> 기도기간이 끝난 후, 나는 주님으로부터 그 집회에 가라는 감동을 받았다. 그 집회는 보니 브래 거리에서 아주사 거리 312번지로 옮겨와 있었던 집회였다. 거기서 그들은 오래된 골조식 빌딩을 임대 했었는데, 그곳은 옛날에 도시 중심부에 있던 감리교회였으나 지금은 모임장소로 사용되지 않은 지 꽤 오래된 건물이었다. 그곳은 오래된 목재나 회반죽 등의 물건 저장소로 변해 있던 건물이었다. 그들은 텅빈 못 보관통 위에 널빤지 몇 개를 얹어 대략 30명이 앉을 만한 자리를 확보하기 위해 주변의 오물과 쓰레기 속에서 상당히 넓은 공간을 깨끗이 치웠다. 내가 정확히 기억하고 있다면, 그 널빤지들은 서로를 마주보도록 정사각형으로 정렬되었다.
>
> 나는 그날 저녁 그 모임에 가라는 엄청난 부담을 느끼고 있었다. 그것은 내가 처음으로 아주사 선교회를 방문하는 것이었다. 우리와 함께 살고 있던 마더 휘튼(Mother Wheaton)이 나와 함께 갈 예정이었다. 그녀는 동작이 너무 느렸기 때문에 나는 그녀를 도저히 기다릴 수가 없었다. 우리가 마침내 아주사

에 도착하고 보니 그곳에는 약 12명의 성도들이 있었는데, 몇 명은 백인이었고 몇 명은 흑인이었다. 세이무어 형제가 그 모임을 책임지고 있었다. "하나님의 궤"가 천천히 움직이긴 했지만 확실히 아주사에 있었다. 법궤는 처음에는 그분이 직접 임명하신 제사장들이 어깨에 메고 운반했다. 그 당시에 우리에게는 육신적이고 잡다한 군중을 기쁘게 할 만한 "새 수레"가 없었다. 우리는 대적 마귀와 싸워야 했지만 법궤는 소(벙어리 짐승)가 끌지 않았다. 제사장들은 많은 준비와 기도를 통해 "하나님께 대하여 살아 있는"사람들이었다.

분별이 완벽하지는 않았고 대적이 어느 정도 발판을 얻어 그 일에 비난을 가져오긴 했지만 성도들은 이내 "추악한 비난속에서 보석을 캐내는" 법을 배웠다. 지옥의 연합군이 처음에는 결연히 우리에게 맞서 일어났다. 모든 것이 축복된 일만은 아니었다. 사실, 그 싸움은 맹렬했다. 항상 그렇듯이, 마귀는 할 수만 있으면 그 일을 무너뜨리기 위해 전 나라를 샅샅이 뒤져 비뚤어진 영들을 긁어모았다. 그러나 그 불을 끌 수는 없었다. 점차 승리의 물결이 일어나기 시작했다. 하지만 처음에는 작은 시작이었고 아주 작은 불길이었다.

얼마 지나지 않아서, 하나님께서 아주사에 역사하고 계시다는 소문이 널리 퍼지게 되었고, 온갖 부류의 사람들이 그 집회에 몰려오기 시작했다. 많은 이들이 신기해하며 믿지 않았지만 또 다른 사람들은 하나님에 대해 굶주려 있었다. 신문들은 그 집회를 조롱하고 매도하기 시작하였지만, 그로 인해 우리를 공짜로 광고해주는 효과를 발휘했다. 그것 때문에 많은 무리들이 찾아왔다. 마귀가 또 다시 무리하게 일하다가 오히려 역효과를 낸 것이다. 외부의 박해가 결코 그 일을 해하지 못했다. 우리가 두려워할 것은 대부분 내부에서 역사하는 악한 영들이었다. 심지어 심령술사들과 최면술사들까지 조사하면서 자기들의 영향력을 시험해 보려고 왔다. 그런 다음에는 모든 종교적인 불만자들과 사기꾼들과 괴짜들이 비집고 들어올 틈을 엿보며 찾아왔다. 우리가 두려워할 것은 대부분 이런 자들이었다. 그러나 이것은 모든 새로운 사역에 항상 존재하는 위험이다. 다른 곳에서는 설 자리가 없기 때문이다. 이런 상태가 극복하기 힘든 많은 것들에 대한 두려움을 던져주었다. 성령도 많은 방해를 받았다. 많은 이들이 마귀가 자신을 노릴까봐 하나님 찾기를 두려워했다.

우리는 아주사 부흥 초기에 우리가 법궤를 붙잡으려고 하면 주님께서 역사하기를 멈추신다는 것을 발견했다. 우리는 악한 자의 역사에 대해 사람들의 주의를 그리 많이 환기시켜주지 못했다. 그래서 두려움이 따라오곤 했다. 우리는 오직 기도할 수밖에 없었고, 그러면 하나님께서 우리에게 승리를 주시곤 했다. 기도를 통해 우리와 함께 하시는 하나님의 임재가 있었으며, 우리는 그것을 의지할 수 있었다. 지도자들이 제한적인 경험을 가지고 있었는데도 놀라운 사실은 그 사역이 강력한 대적에도 불구하고 어쨌든 오래 존속되었다는 것이다. 하지만 그것은 하나님께로부터 난 것이었다. 그것이 비밀이었다.

어떤 작가는 다음과 같은 멋진 말을 했다: "오순절날에, 기독교는 대학도 사람들도 후원자도 없는 종교로 세상과 용감하게 맞섰다. 오래 되고 고색창연한 모든 것이 기독교를 단호히 반대하여 일어섰으며 기독교는 그 어떤 것에 대해서도 아첨하거나 타협하지 않았다. 기독교는 셀 수 없이 많은 형태의 반대를 뚫고 불같은 열정으로 나아갔으며 모든 현존하는 체제와 모든 악습을 맹렬히 공격했다. 그것을 기독교는 '불의 혀' 하나만으로 성취해냈다."

또 다른 작가는 이렇게 기록했다: "초대교회의 배교는 새로운 성품이 개개인에게 주어지는 것을 보기보다는 교회의 능력과 통치의 확대를 보려고 하는 더 큰 갈망의 결과로서 나타났다. 우리가 거대한 추종세력을 갈망하고 우리가 진리라고 여기는 것을 제시함으로써 끌려오는 무리들을 즐거워할 뿐 아니라 개개인의 성품이 하나님의 계획에 따라 변화되는 모습을 보려는 더 큰 갈망을 갖지 않는 순간, 우리는 그와 똑같은 배교의 길을 걷기 시작하게 된다…"

아주사 사역의 지도자들은 리더십의 경험이 없었지만 믿음의 훈련은 잘 되어 있었다. 그들은 하나님께서 자신의 부족함을 보충해 주실 것을 신뢰했으며, 그들이 그런 겸손함을 유지하는 동안에는 하나님께서 모든 인간적인 연약함을 보충해 주셨다. 아주사의 사역은 마귀와 종교적으로 기만당한 자들의 모든 맹공격을 견뎌냈다. 선교사들과 기독교 지도자들이 지구의 먼 변방으로부터 찾아왔으며 하나님은 진실하게 하나님의 은혜를 찾아 달려온 모든 사람을 만져 주셨다.

현대 오순절 선교회의 탄생

20세기의 위대한 영적 선구자들 가운데 한 사람인 A.G. 가르(A.G. Grarr)는 아주사에 가기 위해 떨기나무 불꽃 회관(Burning Bush Hall)에서의 사역을 접었다. 그는 성령세례를 받은 최초의 백인이라고 보도되었는데, 그 후 노스 캐롤라이나(North Carolina)에서 부흥집회를 열고 그곳에서 성령의 풀려짐을 위해 기도하고자 신속하게 그곳으로 떠났다. 그 후에 그는 인도로 갔고 그 다음에는 불을 퍼뜨리기 위해 중국으로 감으로써 그 자신이 최초의 현대 오순절 선교사가 되었다. 가르 박사를 통해 현장에 있던 수백 명의 선교사들이 세례를 받았다. 그리고 1년 이내에, 오순절의 불은 전 세계에서 불타고 있었다.

가르 박사는 후에 노스 캐롤라이나주(州)의 샬롯(Charlotte)으로 돌아와 당대의 주목할 만한 영적 선구자들 중 한 사람이 되었다. 그는 부흥을 위해 텐트를 사용하고 길거리 전도를 위해 짧은 희극을 사용했으며 심지어 최초의 기독교 텔레비전 프로그램까지 개발해냈다. 그는 자신이 노스 캐롤라이나, 샬롯에 있는 오순절 회중교회의 목사였던 모든 시간 동안 그의 교회에서 아무도 의사를 필요로 하지 않을 정도가 될 때까지 치유에 대한 주님의 애정을 강조했다.

스몰리 형제는 자기 교인들을 찾기 위해 아주사로 왔다. 그의 교인들 중 많은 이들이 새로운 하나님의 운동에 참여하기 위해 교회를 떠나왔기 때문이었다. 그는 그들에게 성령 안에서의 자유를 약속하면서 다시 돌아오라고 권면했다. 그래서 많은 이들이 돌아갔으며 잠시 동안 주님은 신약교회에서도 강력하게 역사하셨다.

신약교회의 통역자였던 A.S. 워렐(A.S. Worrell)은 아주사를 방문한 다음, 그곳의 사역이 "당대의 교회를 위해 그리스도의 보혈을 재발견했다"고 선언했다. 그리스도의 보혈이 극도로 강조되었으며 "깨끗한 삶을 위한" 높은 수준이 처음 시작 때부터 제기 되었다.

뿐만 아니라 성령으로 그 모임을 주관하시게 하는 데 대한 헌신도 있었다. 주제넘은 사람들이 그 모임을 자기들만의 강단으로 이용하려고 할 경우, 이상한 일들이 그들에게 일어나곤 했다. 어떤 사람은 말을 할 수 없도록 숨을 헐떡이곤 했으며 또 어떤 사람들은 말하고 싶었던 것을 잊어버린 채 자리에 앉곤 했다. 어떤 사람들은 심지어 잠시 동안 눈이 멀기까지 했다. 바틀맨에 따르면, 초기 집회들 가운데서 주제넘은 행동을 하고서도 그냥 넘어가는 경우는 단 한 사람도 없었다.

1세기 교회에 관해 기록된 것과 마찬가지로 아주사의 부흥에 대해서도 종종 사람들이 하나님께서 행하고 계시는 놀라운 일들에 대해 끊임없는 두려움과 경이감을 체험했다고 언급되었다. 하루하루가 하나님의 위대한 행적들로 불타 올랐다. 성령과 영적인 은사들에 대한 커다란 관심과 초점이 있었지만 단연 그 부흥의 주된 강조점은 하나님을 알고 그분께 더 가까이 가는 것이었다. 그분이 너무나 실제적으로 그들 가운데 계셨기 때문에 그분은 밤낮으로 그들의 생각과 마음 속에 있었다. 그들은 오로지 그분을 사랑했으며 그 이전이나 이후의 어느 누구보다 더 그분을 추구했다.

16장
모든 족속으로 제자를 삼아

처음부터 이 부흥의 주목할 만한 특징은 그곳에 이끌려온 사람들의 다양성이었다. 어떤 이들은 그것을 모든 족속의 사람들이 예루살렘에 모였던 오순절날 이후로 전례가 없는 일로 간주했다. 심지어 로스 앤젤레스에서 저명한 유대인 랍비마저도 전폭적으로 그 부흥을 지원하겠다고 선언했다. 얼마 안 있어 놀라운 치유의 기적들과 극적인 회심사건들이 거의 날마다 일어나고 있었다.

당시에는 교회가 너무나 건조한 상태여서 모든 간증이 메마른 장작에 붙이는 불꽃과 같은역할을 하였고 불길이 아주 빠른 속도로 점화되곤 하였다. 신문기사들이 불길을 부채질하여 더 맹렬히 타오르게 만들었다. 웨일즈 부흥의 간증들이 수천 명의 사람들을 자극하여 미국의 부흥을 위해 주님을 찾도록 불을 붙인 바 있었고, 당시 미국의 통탄할 만한 영적 상태가 부흥을 준비케 만들었다. 그런 사실 때문에 불이 미국 역사상 그 이전이나 이후의 어떤 부흥보다 더 빨리 번져 나갔다.

세이무어는 처음에 영적 갱신에 관해 가르치기 위해 질문에 묻고 답하는 형식의 짧은 문서를 작성했다. 그는 5천 장을 인쇄했는데, 그것들은 하나도 남지 않고 다 떨어질 때까지 배포되었다. 곧 바로 그는 5만 장을 인쇄했지만 여전히 수요를 따라잡을 수 없었다.

몇 주 내로, 끊임없는 선교사들의 물결이 모든 대륙으로부터 밀려들고 있었다. 선교사들은 어둠의 권세에 맞선 전투의 최전방에 있었기 때문에 자신에게 더 많은 능력이 필요하다는 사실을 가장 민감하게 알고 있었다. 주님께서 제자들에게 성령이 그들 위에 임하시면 그의 증인이 될 수 있는 능력을 받을 것(사도행전 1:8을 보라)이라고 말씀하셨던 것처럼, 바로 그 세례만이 당시 많은 선교사들이 감당하고 있던 사역을 효과적인 것으로 만들어 줄 유일한 희망이 되었다. 그들은 절박한 마음으로 와서 자신이 찾아오고 있던 바로 그 능력으로 충만함을 입고 떠났다. 몇 달 내로, 복음의 불이 세계 전역에서 타오르고 있었다. 2년도 채 되지 않아서 그 운동은 50개 이상의 나라에 뿌리를 내렸으며 3천 명 이상의 사람으로 미국 모든 도시를 관통한 것으로 간주되었다.

선교사들이 제일 먼저 달려온 사람들 가운데 속했었기 때문에 선교단체들은 오순절 운동의 영적 유전정보 가운데 근본적인 부분을 차지하고 있으며 오늘날까지 오순절 운동의 가장 탁월한 강점들 중 하나로 남아 있다. 성경 전체를 통틀어, 하나님의 능력은 항상 가장 큰 어둠이 있는 곳에서 가장 큰 증거들로 나타났던 것으로 보인다. 오순절 운동을 맨 처음 해외로 옮겨간 사람들은 자신에게 주어진 능력을 사용하는 잘 훈련된 선교사들이었다. 수많은 남녀들과 어린아이들이 새로운 능력으로 무장된 그 선교사들에 의해 그들을 묶고 있는 속박으로부터 해방되었다. 악한 영의 속박으로부터 자유케 된 자들은 다른 사람들을 자유케 하기 위해 나아갔다. 얼마 지나지 않아 고국에 있는 교회들로 보내진 선교보고서들은 마치 현대판 사도행전 같아서 고국에서 일어나고 있는 그 운동의 불길에 훨씬 더 많은 기름을 붓게 되었다.

사도 바울은 스승은 많으나 아비가 많지 않다(고린도전서 4:15을 보라)는 사실을 통탄해했다. 영적인 아버지는 단순히 가르치는 것으로 끝나는 것이 아니라 자신이 받은 것을 다른 사람들 안에 복제해내는 사람이다. 처음부터 오순절 부흥에는 모든 사람으로 단지 주님에 관해 배우는 것으로 만족하는 것이 아니라 개인적인 체험을 통해 그분을 알도록 몰아가는 본질적인 요소가 있었다. 사람들은 그냥 구경만 하지 말고 실제적인 증거를 보이는 자가 되라고 가르침을 받았다. 성령의 능력의 가장 큰 증거들은 대개 가장 어둡고 가장 궁핍한 곳에 임한다는 것을 배웠을 때, 많은 이들이 강력한 동기를 부여받고 오직 하나님의 능력을 증거하기 위해 선교여행을 떠났다. 그것은 그 새로운 운동에 놀라운 강점과 깊이를 더해주었고 열방의 필요들을 가지고 모든 교회에 영향을 주었으며, 그 결과 교회는 고국에서뿐만 아니라 세계 전역에서도 계속적으로 성장하게 되었다.

영적인 아버지들이 나타나다

오순절의 어린아이들은 끊임없이 선교사들로부터 하나님의 능력에 대한 간증을 들으면서 성장했다. 그 선교사들은 너무나 존경받는 분들이었기 때문에 종종 어린아이들의 가장 위대한 영웅이 되곤 했다. 초기 오순절 선구자들의 자녀들 가운데 많은 아이들이 자신의 영웅을 흉내 내면서 자라나 그토록 놀랍게 성령이 역사하시는 현장에 가장 가깝게 살기 위해 선교사들이 되었다.

또 어떤 아이들은 전 세계에서 새로운 교회들과 사역단체들을 설립하는 목사와 복음 전도자가 되었다. 그들 가운데 많은 이들이 현재 훌륭한 오순절 교회들과 교단들의 지도자이다. 그들 한 사람 한 사람은 하나님의 영광에 대한 체험들과 이야기들이 가득 들어 있는 거대한 보물창고와 같다. 그들은 그분과 함께 걸으며 그분의 도를 배웠다. 그들은 성령님을 모셔 들이는 법을 배웠다. 그들은 사도행전이 단순한 이야기책이 아니라 정상적인 교회생활의 살아있는 길잡이라고 믿으면서 자라났다. 그들이 교회의 장로들로서 자신의 자리를 확보하면서 그들 자신이 많은 현대판 사도행전과 같은 이야기들을 창출해 내었다.

우리는 봄으로써 믿는 것이 아니라 믿음으로써 보게 된다. 하나님은 어제나 오늘이나 동일하시며 성경에 행하셨던 모든 것을 오늘날에도 행하시는 분이라는 것이 기본적인 오순절 신학이기 때문에 진정한 오순절주의자들은 그분의 현재적인 일하심을 믿고 또 그 결과를 본다. 많은 오순절주의자들은 하나님의 능력의 증거들을 규칙적으로 목격하지 못하면 자신들이 어디에서 빗나갔는지 의심하기 시작할 것이다. 그들에게는, 하나님을 단 한 권의 책만 쓰시고 은퇴하신 저자라고 생각하는 것이 신성모독이다. 그들은 살아 계신 하나님과의 살아 있는 관계를 가져야 한다. 그래서 그들은 하나님과 하나님의 위대한 역사들을 확실히 목격한다.

이것이 아주사 거리에서의 체험이었다. 신자들은 그들 가운데 계신 하나님의 역사하심에 끊임없는 경외감을 느꼈다. 주님의 임재 속에 너무나 깊이 잠겨 있었기 때문에 사람들은 종종 한 번에 며칠씩 먹는 것이나 잠자는 것조차 잊어버린 적이 있었다. 많은 사람들이 잠을 자다가 중요한 것을 놓칠까 두려워서 그랬을 뿐이라고 말했다. 하늘에서 내려온 만나처럼, 그들은 날마다 주님과의 신선한 체험을 기대했다. 그 비천하고 작은 선교회가 실제로 하늘의 창문이 될 때까지 믿음 위에 믿음이 더해졌다.

아주사 선교회는 어느 때든지 너무나 다양한 사람들로 가득 찼기 때문에 많은 사람들은 이것을 그곳에서 일어나고 있는 특별한 기적들과 거의 맞먹을 만큼 놀라운 일로 간주했다. 그것은 작은 기도모임의 몇몇 흑인 남녀들로 시작되었다. 하지만 곧 바로 그곳에 찾아온 사람들 대부분은 백인이었다. 한 집회에서는 20개 이상의 국적이 계수되었다. 가정부들과 세탁부들 옆의 마룻바닥에 귀부인들이 엎드려 있는 모습도 찾아볼 수 있었다. 저명한 목사들과 고위 정부 관리들이 뜨내기 노동자 곁에 앉았다. 아무도 신경쓰지 않는 것 같았다. 그들은 모두 한 가지 공통점을 가지고 있었다. 그것은 그들이 하나님을 보고 체험하며 성령으로 충만함을 받기 위해 왔다는 것이었다.

성령으로 세례를 받은 사람들은 단순히 육체나 외적인 모습으로가 아니라 성령의 눈으로 서로를 바라보기 시작했다. 성령의 눈으로 볼 수 있는 능력이 증가되면 증가될수록 우리는 주님의 교회를 향한 그분의 궁극적인 목적-만민을 위한 기도의 집이 되는 것-에 그만큼 더 가까이 다가가게 될 것이다. 어쨌든 그 부흥의 일차적인 증거였던 방언의 은사는 그것을 받지 못했을 때는 완전히 다른 모습이었던 사람들로 하여금 주 안에서 서로를 용납하도록 도와주었다. 나중에 그 한 가지 은사가 교회 안에서 분열의 원인으로 사용되게 되지만 처음에는 그렇지 않았다.

가장 놀라운 기적

아주사 거리 부흥이 절정에 달해 있을 때, 세이무어는 이렇게 예언했다. "우리는 이제 곧 세상이 한 번도 보지 못했던 가장 위대한 기적을 보게 될 것입니다." 그가 언급한 기적은 우리가 이미 앞에서 여러 번 이야기했던 것, 곧 그가 근본적인 기독교로 간주했던 신조들과 인종들간의 참된 사랑과 연합이었다. 그는 자신의 꿈이 온전히 성취되는 모습을 보기까지 살지 못했지만 영적 갱신으로 인해 그것이 결국 성취되리라는 것을 온전히 기대했다.

그 운동이 서로 다른 수많은 형태로 계속해서 진행되어 왔기 때문에 그의 꿈이 이루어지리라는 것은 가능한 수준을 뛰어넘어 필연적인 것이다. 그것이 실현될 때, 윌리엄 세이무어는 틀림없이 모든 기적 중에 가장 위대한 기적을 위해 씨를 뿌린 사람으로 여겨지게 될 것이다. 아마 교회 역사상 다른 어떤 사람보다도, 유일하게 그 꿈을 실현시킬 수 있는 것을 촉진시킨 사람은 바로 그였을 것이다. 그리고 그것은 우리 가운데 성령의 충만함을 추구하는 것이다. 진정으로 성령의 충만함을 입게 된다면 우리는 서로를 단지 육체나 외모를 따라서만 보고 아는 것이 아니라 성령을 따라서 서로를 보기 시작할 것이며 그 결과 우리는 하나가 될 것이다.

다른 무엇보다도 성령은 예수를 증거하기 위해 오셨다. 성령만이 진정으로 우리의 죄를 깨닫게 하시고 우리를 모든 진리 가운데로 인도하실 수 있다. 성령이 우리 중에서 자신을 나타내실 때, 우리는 흑백의 색안경을 쓰고 세상을 보는 것이 아니라 오직 하나님 아들의 영광만을 보게 될 것이다. 성령께서 보내신 바 된 것은 우리로 하나님께서 보시는 것처럼 보도록 돕기 위한 것이다. 하나님은 외모를 보시지 않고 중심을 보신다. 하나님은 우리를 단지 현재의 모습대로만 보시는 것이 아니라 그 아들의 보혈을 통해서 보시며 장래에 되어질 모습, 즉 예수의 형상대로 지음받은 모습대로 바라보신다. 우리는 서로를 그렇게 바라보기 시작해야 한다. 인종차별주의는 인간의 마음속에 있는 최종적인 악의 요새들 가운데 하나이며 악이 통제하고 있다는 확실한 증거이다. 마찬가지로, 진정한 영적 성숙은 항상 연합을 가져올 것이며 주님의 집을 진실로 "만민을 위한 기도의 집,"(마가복음 11:17 을 보라) 혹은 문자적으로 "모든 인종집단을 위한 기도의 집"이 되게 할 것이다.

사도 바울은 "방언이 표적"(고린도전서 14:22)이라고 말한 바 있는데, 그 표적이 첫 번 오순절날에 주어졌던 것 같다. 그 날 모든 족속의 사람들이 그들 자신의 언어로 하나님의 영광에 대해 들었다. 바벨탑 사건으로 사람들의 언어가 흩어진 이후로 그런 일이 일어난 것은 그때가 처음이었다. 표적은 교회가 사람들을 서로에게서 분리시켜 놓은 바벨탑의 해독제가 되는 것이었다. 교회 안에서 우리는 다 하나로 다시 모아질 것이다.

오순절 운동은 현재 부서지고 분열된 상태이긴 하지만 교회 전체에 연합을 가져오게 하는 운명과 부르심을 가지고 있다. 이 불은 오순절 운동 안에서 지금도 타오르고 있다. 비록 지금은 깜빡거리는 불빛에 불과한 것처럼 보일지 모르지만 그 불은 다시 타오르기 시작하여 나무와 풀과 짚은 모조리 불타 없어지고 정결한 금과 은과 보석만 남을 때까지 강렬한 불길로 타오르게 될 것이다. 모든 운동은 각기 서로 다른 돌로 변화될지 모르지만 우리가 다 하나의 영광의 면류관으로 함께 변화될 날이 다가오고 있다.

아주사에서 시작된 운동의 폭발적인 확산은 성령께서 그 뜻대로 자유롭게 움직이시고 사람들이 그분 앞에 하나 되어 앉아 있는 한 계속되었다. 그 부흥이 이런 기본원리에서 벗어나면서 사람들도 능력의 근원되신 분으로부터 벗어나 표류하게 되었다. 주의 영이 계신 곳에는 틀림없이 자유가 있으며, 그분이 주님이신 곳에는 연합이 있기 마련이다. 주님 앞에서 우리는 다 동일한 모습으로 보인다. 예수의 피는 분명 모든 피부색의 경계를 씻어내신다.

아주사라는 이름 자체가 "복된 기적"을 뜻하는 인디언 언어에서 유래했다는 것은 흥미로운 사실이다. 이것은 1769년 캘리포니아를 탐험하기 위해 포톨라 원정길에 올라 있던 후안 크레스피(Juan Crespi) 신부에 의해 처음 기록되었다. 그 당시 아주사에서는 오늘날의 로스 앤젤레스 남쪽 산 가브리엘 캐년(San Gabriel Canyon)에 있는 오래된 인디안 마을의 위치를 가리켰다. 그곳에서 코마 리(Coma Lee)라는 이름의 한 어린 인디안 소녀가 자기 백성의 치유를 위해 금식하며 기도했다. 그녀에게는 병자에게 손을 얹을 때 치유의 능력이 임하는 은사가 있었다. 그녀가 놀랍게 치유 받은 추장을 위해 기도한 후, 그 추장은 자신이 치유받은 기적을 기념하기 위해 그녀에게 아주사라는 이름을 주었다. 여러 해 동안, 그녀의 명성이 캘리포니아 남부 전역에 퍼지는 동안 아주사에서는 그녀의 치유 사역이 계속되다. 그 시기에 사람들은 고통이 있을 때마다 이렇게 말했다. "아주사로 가서 치유를 받으시오... 아주사로 가시오." 어쩌면 우리가 다시 아주사로 가서 치유를 받아야 할 때인지도 모른다.

17장
부차적인 성공에 무너지다

주님께서는 스몰리 목사에게 20세기의 위대한 오순절 폭발을 점화시키는 자가 되라고 명하셨던 것 같다. 그는 영원토록 그 영예를 누릴 수도 있었을 것이다. 하지만 그는 수없이 많은 사람들로 자신의 운명을 성취하지 못하도록 가로막은 그 장애물에 걸려 넘어졌기 때문에 그렇게 쓰임 받지 못했다. 그의 지역교회가 너무나 큰 성공을 거두었기 때문에 그는 더 큰 비전을 상실해 버렸다. 우드로우 윌슨(Woodrow Wilson)이 언젠가 말했듯이, "사람은 자기 자신의 부차적인 성공에 무너질 수도 있다."

이것은 결단코 지역 교회 건축의 중요성을 깎아내리기 위함이 아니다. 지역 교회는 하나님이 땅에서 행하시는 일의 최전선이며 이 시대에 하나님의 일차적인 사역이다. 따라서 지역 교회는 기독교 지도자들의 일차적인 초점이 되어야 한다. 그렇지만 스몰리처럼 보다 큰 목적으로 부름 받을 경우에는 좋은 것(good)이 가장 좋은 것(best)의 가장 나쁜 적이 될 수 있다. 바울이 안디옥에 머무르면서 지역 교회를 세우려고 사도적인 부르심을 거부했다면 오늘날 교회는 어디에 있겠는가? 하나님께서 다른 사람을 사용하셨을 것이므로 오늘날 교회의 상태는 지금과 크게 다르지 않겠지만 아마도 바울이라는 사람에 대해서는 한 번도 들어보지 못하고 말았을 것이다.

스몰리는 작지만 좋은 교회의 존경받는 목사가 되었지만 모든 시대를 통틀어 가장 위대한 축에 속하는 하나님의 운동을 점화시키는 데 쓰임 받았을 수도 있었을 것이다. 그 영예는 이제 어떤 인간적인 영예나 땅의 보물보다 하나님을 더 사랑했던 겸손한 흑인 윌리엄 세이무어의 것이 되었다. 세이무어는 세계를 뒤흔들고 현대 기독교의 정의를 바꿔놓을 운동을 시작하였다. 천국에서 세이무어는 틀림없이 교회 시대의 위대한 개혁자들 및 영웅들과 어깨를 나란히 할 것이다.

바틀맨은 스몰리가 앞으로 전진하라는 부르심을 거부하면서 날아가 버린 것에 대해 상당히 관대하게 분석했다. 그는 이렇게 말했다: "하나님은 우리를 요단강까지 인도할 모세와 같은 지도자로 스몰리 형제를 선택하셨다. 하지만 그분은 요단강을 건너가도록 우리를 인도할 여호수아로는 세이무어 형제를 선택하셨다." 바틀맨은 그 선교회와 오랫동안 함께 한 후에야 직접 성령세례를 체험했다. 세례를 받은 후, 그는 자신의 남은 생애를 인도해 줄 주님과의 만남을 갖게 되었다. 다음은 그 만남에 대해 그가 직접 기술한 내용이다:

하나님이 나를 충만케 하신 후, 성령이 어느 날 아침에 내 위에 강하게 머무르셨으며 나에게 이렇게 말씀하셨다. "네가 지극히 작은 자가 되기만 한다면, 내가 너와 함께 어떤 일이라도 할 수 있을 것이다." 작은 자, 아니 아무것도 아닌 자가 되고 싶은 강한 열망이 내 마음 속에 들어왔다. 하지만 그분이 정말로 나를 통해 역사하실 만큼 계속해서 낮은 자로 있다는 것은 너무나 힘든 일이었다. 그런데 그분은 내가 나 자신의 눈에 작은 자가 되고 그분의 발에 정말로 겸손한 자일 때만 정말로 나를 사용하신다.

실제로, 사람이 정말로 이름 없음을 사랑하고 설교하기를 좋아하지 않으며 강단보다는 뒷자리에 앉기를 더 좋아하는 지점에 도달하는 바로 그 때에야 하나님은 그를 높여 사용하실 것이며, 그 전에는 별로 사용하지 않으실 것이다.

이것이 아주사를 통해 주신 하나님의 일차적인 메시지의 핵심이었던 것 같다. 사람들이 지위나 인정을 얻으려고 책략을 쓰지 않고 기꺼이 이름 없는 자로 남기를 원하는 한, 불은 계속해서 타올랐을 뿐만 아니라 계속해서 확산 되어갔다. 자기를 추구하고, 자기를 높이며, 심지어 자기를 보호하려는 성향이 들어오자마자, 마지막이 가까운 것이다. 그런 상태에서는 하나님을 더 추구하는 데 초점을 맞추기보다는 우리가 가진 것을 지키는 데 더 초점을 맞추게 되기 때문이다.

이런 것들이 아주사 거리의 그 작은 선교회에 종말을 가져왔다. 그것은 다른 지역들로 계속 확산되어 가기도 했고 분명 역사상 가장 위대한 축에 들어가는 하나님의 운동이 되었다. 세이무어는 그 부흥을 시작하여 가장 연약한 시기를 통과해 가도록 하는 데 강력하게 쓰임받았다. 하지만 그도 역시 사소한 목적들을 보다 높은 목적들보다 더 높이려는 유혹에 굴복하고 말았다.

여러 달 동안, 그 작은 선교회는 영광으로 충만해 있었다. 하나님께서 행하고 계시는 놀라운 일들에 대한 두려움과 경이감이 모든 집회마다 스며들었다. 그 운동이 점점 더 커지고 더 유명해질수록 점점 더 부흥의 파괴자가 슬그머니 기어 들어오게 되었는데, 그것은 다름 아닌 통제의 영(the control spirit)이었다.

바틀맨은 그들이 성령의 운동을 조직화하려고 하면 하나님의 은혜가 떠나갈 것이라는 예언적인 경고를 전달했다. 그는 그들에게 주님은 자유로우셔야 하며 진정한 오순절은 분파적인 장벽이 될 수 없고 모든 사람에게 열려 있어야 한다고 권면했다. "벽도의 조직체를 만들려고 하는 것은 우리의 실패를 광고하는 것에 불과하다."라고 그는 결론적으로 말했다.

바로 그 다음 날, 그들이 집회에 왔을 때, 그 건물에는 "사도적 믿음 선교회"(Apostolic Faith Mission)라고 적힌 간판이 걸려 있었다. 그때 그는 그 작은 선교회의 종말이 시작되었음을 알았고 그의 생각은 적중했다. 그때부터, 갈등과 분열이 시작되었다. 모든 하나님의 운동에 대한 논쟁은 예상할 수 있는 바이나, 선교회와 다른 교회들 간의 경쟁이 시작되었다면 틀림없이 마지막이 가까운 것이다. 주제넘은 자들을 복종케 하는 성령의 은혜는 떠나갔고 경쟁이 그 집회들 속에 들어오게 되었다. 이상한 교리들이 나오기 시작하면서 더 많은 비난을 몰고 왔다.

처음에는 성령의 역사가 너무나 깊고 사람들이 오직 하나님에 대한 굶주림으로 가득 차 있어서 어느 때라도 육적이고 인간적인 영이 집회들 속에 주입되면 마치 낯선 사람이 창문을 통해 침입하기나 한 것처럼 쉽게 분별이 되었다. 이제는 공공연한 광신적 행위가 제지를 받지 않은 채 진행되었다. 손으로 쓴 글씨가 벽에 있었다. 영광이 순식간에 떠나버린 것이다.

1907년 말 경에는 아주사에서 뿐만 아니라 그 도시의 다른 많은 오순절 집회들에서도 통제의 영이 성령을 대신해버린 것처럼 보였다. 형제들 사이에는 눈으로 식별할 만한 사랑이 거의 없었고 질투심만이 팽배했다. 오순절주의자들 간의 싸움이 점점 맹렬해져갔다. 그것은 아주사에 임한 성령의 임재에 대한 최종적인 모욕이었고 그분은 떠나버렸다. 불기둥이 움직여 교회 역사상 아마도 가장 놀라운 하나님의 운동으로 성장했지만 아주사의 선교회는 어둠 속으로 사라져 가다가 결국 완전히 소멸하고 말았다.

오늘날 그 작은 선교회가 서 있던 자리에는 주차장이 들어서 있다. 비록 그 위대한 부흥이 겉보기에는 오명을 남기며 소멸되었지만 틀림없이 천국에는 하나님을 너무나 갈망한 나머지 기꺼이 자기 시대의 한계를 뛰어넘어 아주사 거리에서 영원한 가능성을 보여주고자 했던 위대한 인물들의 기념비가 세워져 있을 것이다.

18장
음부의 권세가 이기지 못하리라

"역사를 모르는 자들은 그것을 되풀이할 운명에 처해 있다."라는 유명한 속담이 있다. 역사상 거의 모든 위대한 부흥은 모종의 오명(汚名)을 뒤집어 쓴 채 소멸되었다. 주께서 밀의 씨를 뿌릴 때마다 원수가 와서 바로 그 밭에 가라지를 뿌리리라(마태복음 13:24-30을 보라)는 것을 예수님도 친히 인정하셨지만, 어떤 부흥이나 운동이든지 그런 식으로 끝나는 것은 분명 하나님의 뜻이 아니다. 원수는 똑같은 전술을 사용하여 거의 모든 부흥을 곁길로 빠지게 할 수 있었으며, 그 전술은 오늘날에도 여전히 거의 식별이 되지 않는다. 영적인 굶주림과 영적 민감성을 통해 아주사 거리와 같은 특별한 운동을 시작할 수 있었던 위대한 지도자들을 우리는 존중해야 한다. 하지만 동시에 우리는 아주사 거리에서 분명히 잘못된 방향으로 나갔던 것들이 무엇인지 조사해야 한다. 그것은 비판을 위한 것이 아니라 하나님께서 우리를 놀랍게 사용하기를 갈망하실 경우 가능하다면 똑같은 실수를 반복하지 않기 위한 것이다.

아주사의 사역에 대한 가장 파괴적인 공격들 중 하나는, 1906년 가을에 찰스 파햄이 자신의 옛 제자인 세이무어를 방문했을 때 일어났다. 그는 그토록 빨리 전 세계 그리스도인들의 화제거리가 되었던 놀라운 사역을 직접 보고 싶었다. 세이무어는 자기 스승의 방문에 감격하여 극진한 존경과 환대로 그를 따뜻하게 맞이했다. 그렇지만 파햄은 자신의 눈으로 목격한 것에 기분이 몹시 상했다. 그는 다양한 은사들이 너무 공공연하게 드러나고 있다고 생각했으며 너무나 많은 사람들이 땅에 넘어져 그럴싸한 입신상태(어떤 보고서는 아주사를 때로는 "넘어진 나무들의 숲"을 닮았다고 기술했다)에 들어가는 모습에 소름이 끼쳤다.

세이무어는 그 현상들을 꾸며내는 사람들이 있다는 것을 분명히 알고 있었고 그들이 밀밭을 망치도록 마귀에게 보냄받은 가라지라고 믿었다. 그렇지만 그는 밀과 가라지를 함께 자라게 하는 성경의 지혜를 고집했다.

그는 가라지를 뽑아내려고 하면 밀까지도 뽑힐 것임을 알았다. 그는 파햄에게 자신이 진짜가 아닌 것을 중단시키면 성령과 진짜까지도 꺼버리게 될 것이라고 대답했다. 그는 위험을 감수하고 약간의 문제를 안고 가는 것이 영적인 유익의 관점에서는 허용 가능한 일이라는 결론을 내렸다. 그가 나중에 압력에 굴복하여 그 정책을 바꾸었을 때, 아주사 거리 선교회의 부흥은 급속도로 소멸되었으며, 그 부흥은 다른 지역에서 다른 사람들을 통해 계속되었다.

파햄이 체험 위조보다 훨씬 더 경악을 금치 못했던 것은, 보기 드문 사회적, 인종적 통합이었다. 파햄은 K. K. K.단을 찬탄해마지 않았는데, 예배시간과 제단에서 여러 인종이 혼합되거나 뒤섞이는 것을 특히 반대했다. 그렇지만 그가 이것을 믿은 것은 인종적 교만에서 비롯된 것이 아니라 잘못된 교리 때문이었다. 그는 홍수 심판을 유발시킨 인류의 큰 죄가 인종간의 섞임이었으며 노아가 살아남도록 선택받은 것은 "피가 섞이지 않은" 그의 혈통 때문이었다고 믿었다. 이것은 성경에 대한 비극적인 오해였지만 나찌를 포함하여 많은 인종차별집단이 이런 왜곡된 신학적 기초에 근거를 두어 왔었다.

성경은 분명히 노아가 "당대에 완전한 자"(창세기 6:9을 보라)였기 때문에 선택 받았다고 말씀하고 있다. 문자적으로는 "그의 가계에서 완전한 자"란 뜻이지만 인종간의 섞임과는 아무런 관계가 없었다. 주님의 마음을 너무나 상하게 만든 섞임은 타락한 천사들과 인간들 간의 섞임이었다. 그로 인해 초인적인 "네피림"(창세기 6:4을 보라)이 탄생되었기 때문이었다

그것은 주님께서 창조하시지 않은 종족이었는데, 그들은 그분이 창조하시고 구속하기로 계획하신 인간을 파멸시킬 위협적인 존재들이었다. 이것은 주님께서 인간에게 성령을 주실 때 나타나게 될 "새로운 창조"를 탈취하려는 사탄의 시도였던 것으로 보인다.

파햄의 철학과는 대조적으로, 세이무어는 기독교 자체의 본질적인 요소가 인종과 피부색, 성, 국적, 계급, 혹은 지위의 장벽을 뛰어넘는 연합이라고 생각했다. 그것은 하나님께서 사람을 차별하지 않으시

며 모든 신자들은 진실로 그리스도 안에서 하나라는 것을 보여주는 것이었다. 첫 번째 오순절날 모든 족속의 사람들이 함께 모였던 것처럼, 그에게 있어서 아주사 거리 선교회는 하나님이 의도하신 진정한 기독교의 모습을 실현하는 장이 되고 있었다.

세이무어는 인종간의 평등, 조화, 그리고 연합을 특징으로 한 놀라운 영적 갱신의 리더십을 보여주었는데, 미국 역사에서 가장 심각한 차별이 자행되고 있던 시대에 그런 일이 일어났던 것을 감안하면 그의 리더십은 훨씬 더 놀라운 것이다. 더군다나 그 부흥은 대부분 가장 원통한 마음을 품고 있던 두 인종 집단인, 가난한 백인들과 가난한 흑인들로 구성되었다. 부흥이 확산되어갈 때도 가장 신속하게 받아들여진 곳은 그때 인종간의 갈등이 가장 심각했던 남부의 여러 주들이었다. 이것이 진정한 부흥의 표적이다. 물이 항상 가장 낮은 곳으로 흘러가듯이, 하나님의 물도 항상 가장 낮은 지점으로 흘러간다. 또한 하나님은 가장 어두운 곳에 빛을 보내신다. 기독교의 정수(精髓)인 복음의 참된 빛에는 교만의 궁극적인 증거들 중 하나인 인종차별주의가 들어설 자리가 없다. 하나님은 교만한 자들을 대적하신다고 약속하셨기 때문이다.

아주사 거리 부흥에 관해, 영국의 유력한 성직자인 A.A. 보디(A.A. Boddy)는 이렇게 기록했다. "[그 부흥의 면모 중] 가장 주목할 만한 것들 가운데 하나는 남부 여러 주의 목사들이 기꺼이, 그리고 간절히 로스 앤젤레스의 흑인들에게 가서 그들과 교제하기를 갈망했다는 점이었다." 프랭크 바틀맨은 이렇게 기록했다. "피부색의 장벽이 보혈로 씻겨져 나갔다."

찰스 파햄은 때때로 하나님께 강력하게 쓰임받기도 했었지만 그의 몇 가지 교리들로부터 온 기만의 씨앗들이 원수가 그것을 가장 효과적으로 사용할 수 있는 시기에 자라나고 있었다. 이런 비극적인 방식으로 역사는 계속해서 되풀이되어 왔다. 운동을 시작하는 자들은 그 운동을 더 멀리 끌고 가려고 하는 자들이나 또 다른 후속 운동을 시작하는 데 쓰임받는 자들을 거의 항상 핍박하곤 한다.

성경 속 이스라엘 백성의 배교에 대해 내려진 가장 끔찍한 저주들 가운데 하나는 그들이 자신의 친 자식을 먹게 되리라는 것이었다. 교회가 배교했을 때도 마찬가지로 거의 모든 세대에 그 끔찍한 저주를 당해야만 했다. 비극적인 일이지만, 파햄이 결국 그랬던 것처럼, 영적인 아버지들이 나중에 가서는 꼭 자기 자신의 영적 자녀들을 삼키려고 하는 것처럼 보인다.

파햄은 아주사 거리 선교회에 자기 스타일의 리더십을 강요할 수 없게 되자 그것을 공공연히 비난하면서 당시 인기가 있었던 여성 기독교 절제 연합 빌딩(Women's Christian Temperance Union Building)에서 그에 맞서는 또 하나의 선교회를 출범시켰다. 이것이 오순절 운동에서 최초의 분열이었다. 대단한 영예의 자리를 차지할 수도 있었던 그 사람이 오순절 운동 속에 인종차별주의와 분열의 가라지를 심는 데 쓰임받고 말았다. 파햄에 의해 시작된 그 경쟁 선교회가 실패하자 그는 남은 생애를 세이무어와 아주사 거리 부흥을 비난하면서 보냈다. 이로써 그는 자기 자신의 사역을 파멸로 치닫게 하는 결정적인 행동을 취하고 말았다. 그는 1929년에 죽을 때까지 계속해서 영향력과 추종자를 잃어갔다.

파햄이 아주사의 사역에 심은 인종차별주의와 분열의 가라지는 오순절 운동의 많은 영역들에 오늘날까지도 남아 있다. 이와 똑같은 방식으로, 교회와 세상을 너무나 극적으로 영원히 변화시키는 데 쓰임받은 위대한 종교개혁자 마틴 루터도, 특히 유대인들과 관련하여, 인종차별주의의 씨앗을 뿌렸는데, 그것은 많은 사람들이 나찌가 유대인을 박해하게 된 근간이 되었다고 믿는 교리들이다.

이 슬픈 이야기 속에서, 우리는 어떻게 원수가 새로운 운동을 공격하고자 종종 "낡은 가죽부대"가 되어 완고하고 융통성 없는 영적 아버지들과 지도자들을 사용하기도 하는지 볼 수 있다. 이것이 원수의 가장 강력한 무기들 중 하나이다. 그가 "형제들의 참소자"로 나타나는 것이 가장 강력한 위장술인 것이다. 아주사 거리 부흥에서 나타난 가장 강력한 능력 가운데 하나는 인종과 민족의 다양성이었다. 그래서 사탄은 그것을 가장 강력한 공격 무기로 사용했던 것이다.

서글픈 일이지만, 우리는 여전히 새로운 운동을 대적하는 사탄의 가장 큰 공격들이 새롭게 일어나는 운동들에 대한 통제력을 잃은 영적 아버지들이나 할아버지들을 통해 오리라고 예상할 수 있다. 그 공격의 방향은 대개 새로운 운동들의 가장 강력한 요소들에 맞춰질 것이다. 분명히 주님은 그것을 막으실 수도 있을 것이다. 하지만 그분은 진정으로 진리를 사랑하는 자들의 정결함을 위해 그것을 허용하신다.

오순절/은사주의 운동은 한 흑인 남자의 리더십 아래서 적은 무리의 흑인들로 시작되었다. 그들은 자기들이 받은 것을 값없이 나눠주었으며 성령이 다른 인종 출신의 사람들, 특히 백인들 위에 부어지는 것을 보면서 몹시 기뻐했다. 그들은 주님께서 자신들에게 가장 큰 선물을 주셨다고 생각했고 그것을 백인 형제들과 나눌 수 있다는 사실에 크게 감격했다. 이 위대한 세계적 부흥이 흑인 공동체의 공헌으로 일어났다는 것은 백인 오순절주의자들에 의해 한 번도 부인된 적은 없지만 자주 잊혀지고 있다.

성령세례를 받으려고 직접 아주사 거리에 간 백인 지도자들 가운데 많은 이들이 놀랍게도 당시에 널리 퍼져 있던 분리주의적인 신앙을 여전히 고수했다. 그들은 그 축복을 흑인들은 결코 환영하지 않고 오직 백인들만 모이는 회중에게로 가져갔다. 모든 백인 지도자들이 그랬던 것은 아니지만 대부분이 그랬다. 그 결과 전체적인 오순절 운동은 빠른 속도로 백인의 흐름과 흑인의 흐름으로 나뉘었으며 이것은 오늘날에도 여전히 널리 퍼져 있다.

그렇지만 이 운동이 처음 시작될 때는 흑인과 백인의 개별적인 흐름이 존재하지 않았으며 주님도 분명 그것을 원하지 않으셨다. 성령세례 자체를 반대하여 일어나기 시작한 영적 전투는 아마도 그리스도인들이 여러 세기에 걸쳐 다른 그리스도인들에 의해 경험해 본 핍박 중에서 가장 맹렬한 핍박이었을 것이다.

은사갱신 운동이 방언 말하는 것을 거의 일반적인 것으로 보급시킬 때까지, 오순절주의자가 되기 위해서는 아주 값비싼 대가를 지불해야 했기 때문에, 초기 오순절운동의 선구자들은 위대한 믿음의 영웅들로 간주되어야 마땅할 것이다. 오순절주의자들에 대한 풍자만화들이 나라 전체에 있는 신문들에 실렸는데, 마귀 숭배자들로부터 시작해서 미치광이에 가까운 사람들처럼 묘사되었다. 누구든지 오순절주의자라는 것이 밝혀지면 취업이, 불가능하지는 않았지만, 어려웠다. 오순절주의자들의 집과 교회 건물은 종종 불태워지기도 했으며, 그들의 자녀들은 "마귀 숭배자들"로 불리며 다른 아이들에게 따돌림과 무자비한 매질을 당해야만 했다. 많은 사람들이 자신이 성장한 집과 도시를 떠나 도망쳐야만 했다.

보도 기관과 역사가들 모두 오순절주의자들에 대한 이런 박해를 보고도 못 본 체 했다. 그것은 때로는 아프리카 출신의 미국인들이 겪어야 했던 인종차별만큼이나 끔찍하고 비열한 것이었다. 흑인 오순절주의자들에게는 그것이 이중의 위협이었다. 인종 때문에 백인문화에서 쫓겨났을 뿐만 아니라 종교 때문에 흑인문화에서도 쫓겨났기 때문이었다. 후세대들이 종교의 자유를 누릴 수 있도록 하기 위해 첫 번째 종교개혁자들이 모든 것을 걸었던 것처럼, 두 세대의 오순절주의자들은 우리로 오늘날과 같이 교회에서 자유롭게 성령을 알 수 있도록 하기 위해 대가를 지불했다. 그들이 그렇게 한 것은 성령을 사랑했기 때문이었다. 그리고 그들은 그분을 아는 것과 교회 안에서 그분으로 자유롭게 역사하실 수 있게 하는 것을 세상이 자신들에게 줄 수 있는 어떤 자유보다 더 중요한 것으로 간주했다.

우리의 자유를 위해 그렇게 엄청난 대가를 지불한 사람들은, 비록 모든 것을 바로잡지는 못했지만, 여전히 큰 영예를 받을 자격이 있다.

너무나 많은 그리스도인들이 오늘날 누리고 있는 진리와 성령 안에서의 자유를 가능케 한 것은 바로 그들의 희생이었다. 이런 이유로 윌리엄 세이무어는 교회 시대의 위대한 기독교 지도자들과 개혁자들 중 한 사람으로 간주되고 있으며, 또 그렇게 간주되어야 한다.

오순절주의자들에 대한 그런 맹렬한 핍박 때문에, 인종차별과 편협함이라는 강력한 힘으로 싸움을 부채질하는 것을 당시의 많은 이들은 도저히 감당할 수 없다고 느꼈으며 그것은 이해할 만한 일이다. 군대의 역사는 이중의 전쟁을 싸우려고 하면 거의 항상 패배하게 된다는 것을 가르쳐준다. 따라서 교회 내에서 인종차별주의에 맞서는 싸움은 초기 오순절주의자들이 성령세례의 길을 여는 데 헌신하는 동안 또 한 세대를 기다려야만 했다.

그렇지만 우리는 오순절 운동이 모든 인종, 모든 신조, 그리고 모든 사회적 지위를 가진 사람들이 연합하여 함께 주님을 찾음으로 시작되었음을 잊어서는 안된다. 전 세계에 영향을 미치도록 풀려난 능력은 결코 아주사에서 그런 연합이 존재했던 초기의 몇 년만큼 강력하지 않았다. 영속적인 연합이 이루어질 때까지는 오순절/은사주의 운동이나 교회가 충만한 잠재력을 온전히 발휘하지 못하리라는 것은 명백한 사실이다.

사도행전 첫 부분에 나오는 첫 번째 오순절날부터 성령은 우리가 연합하는 정도만큼만 임하시리라는 것을 증명해 보이셨다. 아주사 거리 선교회에 왔던 사람들처럼, 우리는 우리의 차이점을 고수하고 싶어하는 것보다 훨씬 더 성령을 원해야 한다. 기독교는 사람들이 "천하 각국으로부터"(사도행전 2:5을 보라) 모였던 오순절날에 다문화적인 실체로 탄생되었다. 바로 그와 같이 성령께서 다시 아주사에 임하셨다는 것은 지극히 합당한 일이다.

이방인에게 최초의 선교사들을 내보냈던 안디옥의 작은 그룹 안에는 서로 다른 인종과 서로 다른 사회적 지위를 배경으로 하는 대표자들이 있었다. 주님께서 지구상에 진정으로 위대한 일을 행하기 원하실 때, 그것은 필수적인 요건인 것처럼 보인다. 교회가 가장 순수한 형태로 존재할 때는 항상 다문화적일 것이다. 그렇기 때문에 바울은 이방인들과 함께 먹지 않은 위선에 대해 단호하게 베드로와 맞서야만 했다. 하나님 앞에서 인종간의 평등은 복음의 근본적인 정신이다. 그래서 심지어 베드로까지도 교회와 인간을 분열시키려고 하는 그 기본적인 기만에 빠진 사실로 인해 "면책 받았다"(갈라디아서 2:11을 보라).

교회의 이런 다인종적인 성격이 교회가 배교에 빠져 들면서 상실되었는지 아니면 그런 성격을 상실하면서 배교에 빠져 들게 되었는지는 논란의 여지가 있다. 어느 쪽이든, 다인종적인 성격은 성령이 오순절날 처음 강림하심으로 탄생한 교회의 진정한 모습이었다. 그것은 현대 오순절 부흥을 낳은 교회의 모습이었으며 우리도 그것을 회복하는 정도만큼만 진정한 교회가 될 것이다. 이것이 오늘날 많은 교회 지도자들에 의해 인식되고 있으며, 인종차별주의의 극복은 이제 거의 모든 기독교의 범위 내에서 주된 목표가 되어 있다. 그리고 그것은 합당한 일이다. 이것은 분명 우리 시대의 가장 긍정적인 표적들 가운데 하나이다.

주님은 다양성을 너무나 사랑하셔서 우리들 한 사람 한 사람뿐만 아니라 모든 눈송이, 모든 나무의 모든 잎사귀까지도 서로 다르게 만드신 "복되신 창조주"이시다. 이 모든 다양성 속에서 창조의 위대한 경이로움 가운데 하나는 피조세계 전체에서 발견되는 조화와 균형이다. 모든 식물과 동물의 모든 종이 전체를 움직여가도록 하는 일에서 각기 자기만의 역할을 수행하고 있다. 인간도 마찬가지다. 하나님은 사람을 자기 형상대로 만드셨고 자기 속성의 서로 다른 측면들을 서로 다른 인종들과 문화들에게 선물로 주셨다. 우리 모두가 그분을 온전히 반영하기 위해서는 서로를 필요로 한다. 그렇기 때문에 그분의 집은 "만민을 위한 기도의 집"(마가복음 11:7을 보라)이 되어야 하는 것이다. 신약에서 그 본문을 포함하여 흔히 "민족들"(nations)로 번역된 단어는 헬라어 에쓰노스(ethnos)로, 이 단어에서 영어 단어 "ethnic"('인종의, 민족의'라는 뜻 - 역자 주)이 파생되어 나왔다. 주님의 집은 모든 인종집단을 포함해야 한다. 그런 실체가 될 때까지 우리는 교회로 지음 받은 목적에 결코 도달하지 못할 것이다.

19장
주의 영이 계신 곳에 자유함이 있느니라

아주사 부흥을 이끈 세이무어의 놀랄 만한 리더십에는 또 다른 위대한 측면이 있다. 그것은 그가 성령의 리더십을 분별하고 신뢰하여 그분이 요구하시는 자유를 내어드리는 능력이었다. 갓 태어난 그 부흥이 질서와 방향을 잡는 데 필요하다고 여겨지는 것을 강요하기 위해 전 세계 곳곳으로부터 온, 세계적인 명성을 가진 교회 지도자들의 거의 끊임없는 압력에도 불구하고, 거의 2년 동안 세이무어는 기존의 경로를 고수하면서 성령께서 마음대로, 가끔씩은 신비로운 방법으로 역사하시도록 허용해 드렸다. 그와 동일한 시대에 위대한 웨일즈 부흥을 이끌고 있었던 에반 로버츠처럼, 세이무어의 가장 위대한 리더십 자질은 성령을 따르는(follow) 능력이었다.

세이무어와 로버츠는 모두 성령께서 누구를 선택하시든 그를 통해 역사하시려면 단순히 리더십을 필요로 하는 것이 아니라 자유를 필요로 하신다고 믿었다. 그들은 둘 다 어떤 사람이든지, 심지어 가장 비천한 신자라도 주님께 쓰임 받게 하기로 결단했다. 그로 인해 때때로 미성숙한 신자들이 그 자유를 이용할 때는 당혹스런 일이 벌어지기도 했지만 성령께서 자유롭게 그들 사이에서 놀라운 일들을 행하시게 되는 경우가 더 많았다. 우리가 정말로 성령이 우리 가운데 역사하시기를 원한다면 그분을 인도자로 삼아야 한다. 결국 그분은 하나님이시지 않은가!

선택

하나님의 주권과 인간의 자유의지 사이에서 균형을 찾는 것은 교회 내에서 가장 오래된 논쟁 가운데 하나가 되어왔다. 그렇지만 그 둘은 모두 사실이며 서로와 충돌하지 않는다. 그 둘은 하나같이 100% 사실이다. 하나님은 전적인 주권을 가지신 분이시면서 또한 주권적으로 권위를 인간에게 위임하셔서 그분 자신도 그것을 범하지 않으신다.

자유가 없다면, 참된 예배도 참된 순종도 있을 수 없을 것이다. 그렇기 때문에 주님은 동산 안에 선과 악에 대한 지식의 나무를 놓아 두셨다. 불순종할 자유도 없다면 참된 순종도 없을 것이다. 주님은 의심할 여지가 없이 우주의 주권자시지만 권위를 위임하실 때는 그분 자신도 그것을 범하지 않으신다. 그렇지 않다면 우리는 결코 그분과 함께 다스리며 통치할 수 없을 것이다. 다스리기 위해서는 권위와 책임 모두가 필요하다. 그러므로 그분은 항상 우리가 구하기도 전에 우리에게 무엇이 필요한지 아시지만 우리가 구하기를 언제나 기다리고 계신다.

이런 이유로, "...주의 영이 계신 곳에는 자유함이 있다."(고린도후서 3:17) 참된 예배나 참된 순종을 위해서는 자유가 요구된다. 그분은 모든 사람을 위해 그의 임재를 가로막는 휘장을 치워버리셨지만 우리가 그분을 찾아야 한다. 그러므로 우리가 하나님과 가까운 정도는 오직 우리가 원하는 정도에 비례한다. 또한 우리가 그분과 먼 정도도 우리의 선택에 비례한다. 그분의 뚜렷한 임재가 우리 가운데 없다면 그것은 그분 때문이 아니라 우리 자신의 선택 때문이다.

많은 사람들이 입술로만 성령께서 집회를 인도해 주시기 원한다고 고백하지만 그분이 그렇게 하려고 하실 경우 정말로 자기 자신의 프로그램을 기꺼이 포기하려고 하거나 그분이 요구하시는 방식으로 그분을 신뢰하려고 하지 않는다. 세이무어는 기꺼이 그렇게 하고자 했다.

이런 유형의 "불간섭형" 리더십 스타일은 대부분의 세계적인 위대한 부흥의 현저한 특징이 되어왔다. 그렇지만 교회사를 조금만 연구해 보아도 부흥의 시기 외에는 그런 유형의 리더십이 거의 효력을 발휘하지 못했음이 드러난다. 하나님께서 각기 다른 시기에 각기 다른 방식으로 움직이시는 것일 뿐이다. 진정한 부흥의 시기에는 대개 그분의 주권이 극적이고 독특하게 드러나기 때문에 그때는 그분의 길에서 물러나 있는 것이 상책이다. 나머지 시기에는 하나님께서 사람과 함께, 사람을 통해 역사하시는 것을 대단히 기뻐하시는 것 같다. 그렇지만 우리의 목표는 항상 우리의 뜻을 그분의 뜻에 복종시키고 항상 그분의 인도하심을 따르는 것이 되어야 한다. 우리가 그렇게 하면 할수록, 대체로 그분은 자신의 놀라운 임재를 더욱 더 강력하게 나타내고자 하실 것이다.

밴스 해브너(Vance Havner)가 한 번은 이렇게 언급했다. "부흥은 백화점의 특가판매와 같다. 그것이 더 극적이고 더 많은 사람을 끌긴 하지만 백화점의 정상적인 업무는 매일 매일의 상품 판매이다." 그와 마찬가지로 부흥은 훨씬 더 깜짝 놀랄 만한 일이 많이 일어나지만 교회의 정상적인 업무는 아니다. 지금까지 복음의 전반적인 진보를 위해서 부흥에 의해 성취된 것보다 흑암의 권세에 맞서 날마다 영적 전투의 최전방에서 싸우는 신실한 성도들의 일상적인 증인된 삶과 지역교회 내 신실한 목사들의 섬김에 의해 훨씬 더 많은 것이 성취되어왔다.

부흥은 놀라운 영적 진보에 불을 붙여왔지만 그런 영적 진보는 오직 성도들의 일상적인 헌신에 의해서만 유지된다. 이것은 오순절/은사주의 운동의 이야기에서도 마찬가지다. 아주사는 그 이후의 다른 여러 부흥들과 운동들처럼 깜짝 놀랄 만한 것이었지만 실질적이고 실제적인 진보는, 덜 알려졌지만 그럼에도 불구하고 신실했던 지도자들과 사람들의 수많은 무리들을 통해 이루어졌다. 그들을 통한 진보는 덜 극적이었을지는 모르나 장기간에 걸친 그들의 신실한 발걸음이 훨씬 더 많은 것을 성취했다.

동일한 원리가 우리의 개인적인 삶에도 적용된다. 깜짝 놀랄 만한 영적 체험들은 놀라운 것이며 헌신과 경배의 위대한 고지로 우리를 추진시켜줄 수 있다. 그렇지만 모든 그리스도인의 삶의 진정한 힘은 대개 성경공부와 기도, 교제, 그리고 매일의 증인된 삶을 충실하게 훈련하는 정도에서 발견될 것이다.

부흥의 시기에는 또한 거의 모든 사람으로 하여금 탈선을 일으키는 자들을 포함하여 탈선을 명백하게 분별할 수 있게 해주는 역동적이고 확연한 성령의 임재가 있다. 그러므로 대개는 필요한 교정이 자동적으로 이루어진다. 그렇지만 부흥에서 발견되는 그런 역동적인 주님의 임재가 없을 때는 거의 모든 리더십의 공백이 순식간에 미성숙하고 교만한 자들이나 반역적인 자들로 채워지곤 한다. 그 결과는 부흥이 아니라 혼란이며, 그것은 다시 죄와 이단으로 발전되는 경우가 보통이다.

우리가 사용하는 리더십에서 "본말(本末)을 전도하지 않는 것"이 중요하다. 세이무어가 사용했던 리더십 스타일은 그에게 부흥이 있었기 때문에 가능한 것이었다. 만일 그가 역동적인 부흥이 없는 상태에서 동일한 숫자, 동일한 유형의 사람들에게 그와 같은 리더십 스타일을 사용하려고 했다면 그는 혼돈에 빠지고 말았을 것이다. 부흥이 없는 데도 부흥-유형의 리더십을 보여주려고 했던 많은 사람들에게 그런 일이 일어났다. 핵심은 주님의 임재가 확실히 임할 때 옆으로 물러날 준비가 되어 있는 것이다.

우리의 목표는 우리의 모든 집회에서 강력하고 확연한 주님의 임재를 체험하는 것이어야 한다. 그렇지만 그곳에 이르는 길은 그분이 임하실 때까지 그냥 아무것도 하지 않은 채 등을 기대고 앉아 있는 것이 아니라 점점 더 그분의 인도하심에 민감해지기를 추구하면서 신실하게 성숙을 향해 힘써 나아가는 것이다. 때때로 주님은 그분의 임재를 깜짝 놀랄 정도로 나타내심으로 우리를 사로잡기도 하시지만 대개는 아버지가 아들에게 걷는 법을 가르치는 것과 같은 방식으로 우리를 더 높은 곳으로 인도해 가신다

그분은 우리가 일어서도록 도와주실 것이다. 하지만 그런 다음에는 우리가 그분께로 걸어오도록 뒤로 물러나신다. 우리가 한두 걸음 걷는 법을 배울 때, 그분은 우리로 좀 더 멀리 걷게 하기 위해 좀 더 멀리 물러나신다. 그분이 확연한 임재를 거두실 때는 우리와 함께 놀고 계시는 것이 아니라 우리에게 성령 안에서 걸으며 그분을 추구하는 법을 가르치고 계시는 것이다. 그분을 느끼지 못할 때는 자리에 앉아야 할 때가 아니라 더 멀리 발걸음을 내디디려고 노력해야 할 때이다.

신약의 서신들은 기본적으로 역동적인 부흥이 일어나지 않고 있는 시기에 교회를 섬기고 있는 지도자들에게 보내는 사도들의 권면이다. 그들은 성령이 오순절날과 같은 수준으로 매일 임하시기를 기대하지 않았다. 그래서 그들은 일상적인 사역을 위해 부지런히 움직였다. 그렇지만 그분이 부흥의 불을 붙이시기 위해 역동적으로 임하시기로 작정하실 경우에는 우리가 하고 있는 일을 중단하고 얼마나 멀

리 가든지 관계없이 파도에 올라타야 할 때이다.

지혜는 주님께서 우리에게 검을 손에 들고 앞으로 나아가 그 땅을 취하라고 말씀하시는 때와 가만히 서서 그분의 구원을 보라고 말씀하시는 때를 구별하는 것이다. 모든 일에는 때가 있는 법이다. 잘못된 장소에서 잘못된 전략을 사용하려고 할 때는 어느 때든지 문제에 봉착하게 될 것이다. 하나님의 전략은 이것 아니면 저것이 아니라 둘 다이다. 그렇기 때문에 우리는 모든 상황에 대해 그분을 구해야 하는 것이다.

세이무어는 부흥을 불러들이도록 부르심을 받았다. 잠시 동안 그는 기도만 하면서 주님으로 인도하시게 하는 놀라운 지혜(그는 실제로 자신의 기도가 다른 모든 기도에 묻혀 산만해지지 않도록 집회시간동안 상자 속에 머리를 넣었다)의 모델이 되었다. 그렇지만 얼마 지나지 않아 그 운동을 반대하는 맹렬한 핍박 때문에 그는 엄청난 압박을 느낀 나머지 점점 더 완벽주의적인 인물로 변해갔다. 점차 그는 소수의 지도자들로 더욱 더 집회를 통제하게 했으며, 결국 얼마 지나지 않아 그들은 프로그램을 따라 집회를 열게 되었다. 목격자들은 그 일이 점진적으로 진행되었던 것처럼 성령도 점진적으로 떠나신 것 같다고 말했다.

아주사 거리의 부흥이 어떻게 끝이 났는가에 관한 이런 설명은 정확한 것 같다. 그렇지만 이제는 앞으로 전진할 때가 되었기 때문에 사람들이 앞으로 나아가도록 하기 위해 성령께서 자신의 임재를 거두어들이셨다는 것 또한 가능성 있는 설명이다. 백화점의 특가판매가 사시사철 진행된다면 그 효과를 상실해버리는 것처럼, 주님께서도 결코 부흥이 영원토록 처음과 같은 형태로 진행되도록 의도하지 않으신 것 같다.

대부분의 부흥이 조기에 끝나버리거나 바람직하지 않은 방식으로 끝나버리는 것이 사실이다. 그것은 대개 인간의 실수 때문에 일어난다. 우리는 그것으로부터 교훈을 얻어야 하지만, 또한 그릇되게 부흥 자체를 숭배하는 덫에 빠지지는 말도록 하자. 부흥 없이도 우리는 과거의 어느 누구 못지 않게 주님과 가까울 수 있다. 문제는 부흥을 추구하느냐 추구하지 않느냐가 아니라 주님과 그의 뜻을 추구하는 것이다.

틀림없이 아주사 거리 부흥은 모든 교회사에서 가장 위대한 부흥 가운데 하나였다. 그 부흥은 아직 끝나지 않았으며 서로 다른 많은 형태로, 서로 다른 많은 지역에서 지금까지 계속되어왔다고 주장할 수도 있다. 우리가 마땅히 공경할 자를 공경하는 것은 옳은 일이다. 따라서 윌리엄 세이무어가 모든 시대를 통틀어 가장 위대한 기독교 지도자들 중 한 사람으로 간주되는 것은 합당한 일이다. 그는 부르심을 받은 대로 주도권을 쥐지 않고 성령의 인도하심에 민감한 리더십 스타일을 유지한 기간만큼은 위대한 지도자였다.

아주사 거리 부분에 대한 연구를 위해, 나는 자신의 고전적인 저서인 『또 다른 부흥의 파도』(Another Wave of Revival)에서 프랭크 바틀맨이 직접 부흥에 대해 기술한 내용을 주로 빌려왔다. 그 책은 지금 휫테이커 하우스 출판사(Whitaker House Publishers)에 의해 출판되었다. 그 책은 부흥의 성격에 관한 많은 통찰력있는 가르침들을 담고 있으며 많은 기독교 서점에서 구입할 수 있다.

20장
성령의 원자력 시대

지난 2천 년에 걸쳐서, 교회는 많은 부흥과 갱신, 그리고 개혁운동을 경험해왔다. 웨일즈 부흥처럼, 어떤 운동은 영적 전진을 위해 교회 전체에 박차를 가하는 데 사용되기도 했다. 세상과 교회에 미친 광범위한 영향에 있어서는, 1906년에 시작된 아주사 거리 부흥에 필적할 만한 운동이 없었다. 백년이 지난 후에도 그 부흥의 영향은 진하게 느껴질 뿐만 아니라 계속해서 증가되고 있다. 그 이후에 일어난 거의 모든 부흥과 갱신, 혹은 개혁의 씨앗은 한결같이 아주사 거리 부흥에까지 거슬러 올라갈 수 있다. 성숙한 떡갈나무의 원형을 상수리의 유전자 코드에서 찾을 수 있듯이, 오늘날 교회가 지향하고 있는 모습의 원형은 아주사 거리에서 찾아 볼 수 있다. 이것이 바로 그 부흥을 이해하는 것이 오늘날 우리에게 결정적으로 중요한 이유이다.

그런 운동들이 처음 나타날 때는 불가피하게 "새로운" 것으로 불리긴 하지만, 실제로는 중세 시대에 잃어버렸거나 간과되어버린 성경 진리를 회복하는 것이었다. 세기가 바뀔 때, 나머지 위대한 회복운동들이 융합하여 임계질량(어떤 핵 분열성 물질이 연쇄반응을 일정 비율로 계속하는 데에 필요한 물질량-역자 주)을 형성하였다. 그로 인해 세상을 뒤흔드는 복음의 폭발이 일어난 것이다. 그것들 중 가장 거대한 두 가지 운동이 바로 웨일즈와 로스 앤젤레스에서 일어났다. 그 두 번의 부흥운동이 함께 불을 붙인 결과 기독교가 지구상에 보여지는 모습에 어마어마한 변화가 일어나게 되었다. 교회 역사상 다른 어떤 운동을 통한 것보다 오순절 부흥과 그로부터 태동한 신 오순절 운동들-은사주의 운동, 제 3의 물결, 그리고 다른 회복운동들과 같은-을 통해, 더 많은 복음사역자들이 안수를 받았고, 더 많은 선교사들이 보내심을 받았으며, 더 많은 교회들이 개척되었고, 더 많은 사람들이 구원에 이르게 되었다. 많은 연구 결과, 기독교로 개종하는 모든 새신자의 90퍼센트가 현재 오순절/은사주의 운동을 통해 그리스도께로 돌아오고 있는 것으로 추산되고 있다.

로스 앤젤레스 아주사 거리에서 시작된 것을 단순히 부흥이라고만 부르는 것은 그것의 참된 중요성을 축소시키는 것이다. 그것은 부흥이었지만 동시에 영적 갱신운동이기도 했다. 그 결과, 더욱 가속화된 교회의 개혁이 일어나게 되었다. 앞서 언급한 것처럼, 전반적으로는, 교회 전체에 그보다 더 큰 영향을 끼친 다른 운동은 역사상 없었을지 모른다. 이제 그 운동을 이해하지 않으면 현존하는 교회나 교회의 미래를 이해하는 것이 불가능할 정도로 현재 그 부흥의 영향은 모든 교파와 운동에까지 확대되었다.

빛의 속도

20세기의 시작은 주님께서 마지막 시대에 일어날 것이라고 예언하셨던 지식의 급속한 증가를 가져왔다. 우주에 대한 인간의 지식이 두 배가 되는 데 인간의 역사 5,900년의 기간이 걸렸다고 추산되었다. 그런데 인간의 지식이 단 몇 십 년 만에 다시 두 배가 되었다. 이제는 매 2,3년마다 두 배가 되고 있다! 그것은 사도 바울이 고린도전서 15:46에서 이렇게 기록한 바와 같다. "그러나 먼저는 신령한 자가 아니요 육 있는 자요 그 다음에 신령한 자니라." 육신적인 영역에서 이런 엄청난 지식의 증가가 있었던 것과 더불어 기독교 안에서도 그와 비슷하게 놀라운 진리의 회복이 있어왔다. 차이점은, 정보화시대가 새로운 발견들에 의해 가속화되고 있는 반면, 교회의 위대한 영적 갱신은 예수님과 그의 사도들이 가르쳤던 진리의 재발견에 의해 가속화되고 있다는 점이다.

성경 그 자체는 자연적인 세계에서 발견될 수 있는 그 어떤 것보다 더 무한히 넓고 깊다. 최근 몇 년 사이에, 어떤 숨겨진 암호가 성경 속에서 발견되어 세상의 가장 위대한 과학 지성인들을 놀라게 했다. 그 암호가 너무나 깊고 복잡해서 가장 열성적인 세상 과학자들조차도 "우리만 존재하는 것이 아니다!"라고 선언하지 않을 수 없게 되었다.

어떤 사람은 바이블 코드의 창조자가 인간 지성의 한계를 훨씬 뛰어넘을 뿐만 아니라 우리가 이 시대에 상상할 수 있는 생각까지도 훨씬 초월한다고 말했다. 그 암호를 발견하는 데는 컴퓨터가 필요하긴 하지만, 세상의 모든 컴퓨터를 함께 연결시킨다 하더라도, 컴퓨터는 그 암호의 기본조차도 창조해낼 수 있는 능력을 갖지 못할 것이다. 사해사본(Dead Sea Scrolls)의 발견으로, 바이블 코드가 적어도 2천 년 전에 성경속에 심겨졌다는 것이 입증되었지만 우리는 하나님께서 자기 백성에게 말씀을 주실 때 창조주에 의해 그것이 그곳에 심겨졌다는 것을 안다. 그것은 단지 우리 하나님이 얼마나 놀라우신 분인지를 말해주는 또 하나의 증거에 불과하다.

바이블 코드를 연구하는 그 탁월한 지성인들 가운데 많은 이들이 이제는 인간이 홀로 존재하는 것이 아니라는 것과 이 시대에 인간의 이해력을 훨씬 초월하는 어떤 지성이 우주에 존재한다는 것을 확신하고 있다. 그러나 그들은 그 위대한 지성이 그 암호가 담겨 있는 성경을 기록하신 바로 그 하나님이시라는 결론에는 아직 도달하지 못했다! 하나님께서 그 일을 하셨다는 냉정하고 확고한 사실이 그들의 뺨을 날마다 때리고 있지만 그들은 아직도 그분을 볼 줄 모른다. 그렇지만 이것 또한 중요한 성경적 진리를 계시해준다. 가장 위대한 인간적 지성을 가진 자들이라도 성령께서 그들을 인도하시지 않으면 하나님을 발견할 수 없다. 우리가 진리를 깨닫고 하나님이 원하시는 대로 그분을 예배하기 위해서는 성령이 필요하다.

심지어 가장 위대한 인간 천재들까지도 하나님을 보지 못하게 만드는 엄청난 어둠이 역사하고 있지만, 그와 동시에 성령이 전례없이 쏟아부어지고 있으며 그 결과 전례없이 많은 무리의 사람들이 예수님에 대한 구원의 지식으로 인도되고 있다. 현재 세계의 몇몇 지역에서는 사람들이 자연적인 출생률보다 더 빠른 속도로 거듭나고 있다. 자연적인 지식과 영적인 지식이 한꺼번에 폭발하고 있지만, 현재 그 두 가지 지식은 서로 다른 통로를 달리면서 때로는 사람들을 정반대 방향으로 이끌어가기도 한다.

바이블 코드는 어떤 이유가 있어서 하나님에 의해 성경속에 심겨졌지만 그리스도인들에게는 그것이 필요치 않다. 성경의 평범한 본문은 인간의 지성이 고안해낼 수도 없고 성령 없이는 이해할 수도 없는 무한한 깊이와 복잡함을 지니고 있다. 성경의 평범한 본문은 그 암호보다 훨씬 더 높은 지식이다. 성경은 단순히 하나님께서 행하셨거나 행하고 계시는 것이 무엇인지만을 계시해주는 것이 아니라 그 이유까지 계시해 준다.

성경의 평범한 본문을 연구함으로써, 우리는 하나님의 인격을 알 수 있게 된다. 성경에 기록된 남녀들과 그분의 관계를 통하여, 우리는 그분이 우리에게 무엇을 기대하시는지 분명히 알고 깨달을 수 있다. 이 지식을 가지고 우리는 그분을 섬기고 예배할 수 있으며 그분이 기뻐하시는 삶을 살 수 있다. 우리의 목표는 그분을 아는 것이어야 하지만 단순히 아는 데서 끝나는 것이 아니라 그분의 뜻을 행하는 데까지 나아가야 한다.

성경은 측량할 수 없는 가치를 지닌 보물이다. 그 책의 행간에서 발굴되는 모든 "발견"은 세상속에 위대하고 광범위한 변화를 불러일으킨다. 민주주의와 자유로운 기업, 그리고 심지어 과학 그 자체도 진리에 대한 발견이나 재발견에 뿌리를 두고 있다. 문명내에서 긍정적인 영향을 미치는 사람들 가운데 압도적인 다수는 성경으로 거슬러 올라갈 수 있다. 자연계에서 지식의 증가가 자연계에 너무나 광범위한 변화를 가져온 것처럼, 일반 사회에서뿐만 아니라 교회내에서도 엄청난 변화를 일으키는 영적 지식의 증가가 풀려나고 있다.

영적 지식의 증가로부터 일어나는 변화는, 기독교의 토대를 이루고 있을 뿐만 아니라 항상 불변의 상태로 서 있을 기본 진리에 있어서의 변화가 아니다. 그 어떤 것도 성경의 도덕성과 진실성을 변화시키지 못할 것이다. 성경의 도덕성과 진실성 역시 시대를 초월하며 결코 변하지 않을 것이다.

그 변화들은 기독교를 현 시대에 순응하게 하려는 시도도 아니다. 그 변화들 가운데 몇 가지는 사실 우리의 성경적이고 역사적인 배경 지식이 더 확대되고 깊어지는 것이다. 어떤 변화들은 지상 대명령을 성취하는 데 필요한 전략의 확장을 가져오고 있지만 그것이 변화의 주된 흐름은 아니다. 그 영적 지식의 증가를 가져오는 가장 놀라운 원천은 오직 예수 그리스도의 인격에 대한 더 깊은 계시이며 변화들은 오직 그분의 형상을 더욱 더 닮아가는 것이다.

매우 실제적으로, 예수님은 야곱의 사다리시다. 주님은 나다나엘에게 말씀하실 때 그것을 확증하셨다:

예수께서 대답하여 가라사대 내가 너를 무화과나무 아래서 보았다 하므로 믿

느나 이보다 더 큰 일을 보리라

또 가라사대 진실로 진실로 너희에게 이르노니 하늘이 열리고 하나님의 사자들이 인자 위에 오르락내리락하는 것을 보리라 하시니라(요한복음 1:50-51).

이것은 야곱이 보았던 사다리에 대한 직접적인 언급이었다. 야곱이 본 사다리는 창세기 28:12-13에 기록되어 있다:

꿈에 본즉 사닥다리가 땅위에 섰는데 그 꼭대기가 하늘에 닿았고 또 본즉 하나님의 사자가 그 위에서 오르락 내리락하고
또 본즉 여호와께서 그 위에 서서 가라사대 나는 여호와니 너의 조부 아브라함의 하나님이요 이삭의 하나님이라 너 누운 땅을 내가 너와 네 자손에게 주리니 (창세기 28:12-13).

예수님은 하나님의 사자들이 그분에 대한 점진적인 계시에 의해 천상의 영역으로 올라간다는 의미에서 야곱의 사다리시다. 그분의 영광을 더 많이 바라볼수록, 우리는 더욱 더 그분의 형상으로 변화된다. 진정한 영적 지식의 결과는 어떤 비밀스런 깨달음이 아니라 그리스도의 성품으로 변화되는 것이다. 그분을 더 잘 아는 것은 우리가 그분과 함께 앉기 위해 천상의 영역으로 올라가는 방법인 동시에 그분을 대표하기 위해 땅으로 다시 내려오는 방법이다.

지금 전 세계적으로 일어나고 있는 위대한 부흥들은 모두 예수 그리스도와의 개인적 관계에 대한 점점 더 증가되고 있는 헌신의 결과이다. 예수 그리스도와의 개인적 관계에 대한 그런 헌신은 우리를 예

수님께로 인도하시도록 보내심 받은 성령님께 점점 더 민감하게 된 결과로 이루어진다. 교회가 이처럼 전 세계적으로 놀랍게 성령님에 대해 민감하게 된 것은 주로 웨일즈에서 시작되었지만 진실로 1906년 아주사 거리 부흥의 시기에도 그 씨앗이 널리 심겨졌다.

성경은 주님께서 점이나 주름잡힌 것이 없는 신부(에베소서 5:27을 보라)를 위해 돌아오시리라는 것을 분명히 하고 있다. 신부는 순결하고 거룩하며 연합한 상태일 뿐만 아니라 너무나 강력해서 그녀가 나타날 때 열방이 두려워 떨 것이다. 많은 이들이 교회의 외적인 상태를 보면서 그것이 불가능한 것이며, 설령 가능하다고 하더라도 천년은 걸릴 것이라고 생각한다. 그렇지만 베드로는 베드로후서 3:8에서 이렇게 주장했다: "사랑하는 자들아 주께는 하루가 천년 같고 천년이 하루 같은 이 한 가지를 잊지 말라." 주님은 우리가 천 년 걸릴 것이라고 생각하는 것을 하루만에 행하실 수 있다. 하나님은 모든 것을 가속화시킬 수 있으며 또 실제로 가속화시키고 계신다.

자연적인 세계와 영적인 영역에서 변화가 가속화되고 있다. 어느 영역에서든 변화에 저항하는 자들은 낡은 가죽부대처럼 터져서 버려지고 있다. 움직임을 중단하는 운동들과 교파들, 그리고 교회들은 지금 아주 빠른 속도로 소멸해가고 있다. 성령의 파도타기를 배우는 자들은 수 년 전에는 상상할 수도 없었던 속도로 성장하고 있다. 이처럼 놀랍게 증가하는 변화의 속도 한가운데는, 우리가 그런 변화들 속에서 좀 더 안전하게 항해하는 데 도움이 될 만한 전통들과 역사적인 배경들이 있지만 우리는 그것들이 우리의 진보를 가로막는 닻이 되게

해서는 안 된다. 하나님의 임재의 구름은 매우 빠른 속도로 전진하고 있다.

세상은, 대부분 경제적인 목적으로, 새로운 발견들을 가공하여 쓸모있게 만드는 아주 효율적인 방법을 고안해냈다. 대체로 교회는 그만큼 잘 해오지 못했다. 그래서 교회의 영역이 되었어야 마땅한 많은 위대한 진리들이 세상에게 빼앗겨 천박하게 사용되어왔다. 예를 들면, 거의 모든 음악 양식이 교회에서 태어났는데, 세상이 재빨리 그것을 훔쳐가서 상품화한 다음 세상의 악한 철학을 조장하는 일에 사용해왔다. 하지만 하나님이 의도하신 것은, 교회가 그것을 복음전파를 위해 사용하는 것이었다. 심지어 과학과 현대 교육까지도 교회에서 태어났고 지상 대명령의 성취를 위해 주어진 것이었다. 하지만 그것들은 강탈당해버렸다!

이제는 교회가 계시의 때를 인식하여 더 이상 그것들을 세상에게 빼앗기지 않는 법을 배워야 할 때이다. 뿐만 아니라 이제는 빼앗긴 것을 되찾아야 할 때이며, 율법의 기준대로, 도둑에게 훔친 것을 7배나 갚으라고 해야 할 때이다. 과학이 교회에 의해 되찾아져서 세상에게 사용되었을 때보다 7배나 더 효과적이고 정확해지게 될 것이다. 왜냐하면 모든 진정한 과학은 사람들을 창조주께로 인도하는 법이기 때문이다. 교육이 교회에 의해 회수되어 세상이 간수했을 때보다 7배나 더 효과를 발휘하게 될 것이다. 교회는 교육을 본래 창조된 목적에 도달하도록 자유케 할 것이지만 먼저는 교회가 창조된 목적에 도달하도록 자유케 되어야 한다.

우리는 단순히 변화를 위한 변화를 겪고 있는 것이 아니다. 오히려 교회는 어떤 특정한 운명으로 향하고 있다. 우리는 어디로 가고 있는지와 왜 가고 있는지를 모두 규명해야 한다. 우리는 또한, 달란트 비유가 권고하는 바와 같이, 우리에게 맡겨진 놀라운 지식의 보고를, 그것으로부터 최상의 유익을 얻을 수 있는 방법으로 다루는 법을 배워야 한다.

그렇지만 오늘날 영적으로 일어나고 있는 모든 일들은 인간의 능력으로는 도저히 감당할 수 없는 것이다. 주 예수님은 교회의 머리시며 오직 그분만이 그분 자신의 집을 경영하실 수 있다. 그렇지만 그분은 반드시 위임하신다. 현재 우리를 둘러싸고 있는 이 놀라운 변화의 시기를 뚫고 그분께 가까이 붙어 있으면서 우리에게 위임된 것을 올바로 처리하고자 한다면 리더십으로 부르심받은 모든 이들은 깊은 뿌리와 명확한 비전을 갖는 것이 절박하게 요구된다. 그것은 분별을 요한다.

우리가 단지 "더 많은 영적인 땅을 차지하는" 것만으로는 부족하다. 우리는 차지하는 것을 굳게 붙잡을 수 있어야 한다. 잠언 24:3-4은 다음과 같이 말씀한다:

집은 지혜로 말미암아 건축되고 명철로 말미암아 견고히 되며 또 방들은 지식으로 말미암아 각종 귀하고 아름다운 보배로 채우게 되느니라

이러한 지식의 놀라운 증가가 우리의 집들을 가득 채워줄 수 있지만 집을 세우는 데는 먼저 지혜가 필요할 것이다. 그런 다음에는 그

집들을 확고히 세우기 위한 분별력이 필요하다. 우리의 목표는 단순히 대형교회를 세우는 것이 아니라 하나님이 거주하고 싶어 하시는 집을 만들어야 한다. 우리의 목표는 점이나 주름이 없는 교회, 왕의 오심을 위해 준비된 영광스런 신부를 보는 것이어야 한다. 주님이 안에 계시지 않는다면 가장 영광스런 성전이라도 무슨 소용이 있겠는가?

단 몇 세기 전에, 그리스도인 개개인에게 자유롭게 성경을 읽을 권리를 되찾아주기 위한 거대한 싸움이 벌어졌다. 그런 권리가 있다 하더라도 글을 배워 성경을 읽을 수 있는 사람이 극소수에 불과했지만, 그 전쟁에서 수백만 명은 아니더라도 수천, 수만 명이 죽었다. 그들은 우리를 위해 그런 싸움을 싸운 것이다. 우리는 오늘날 무엇을 성취하느냐에 관계없이 우리를 앞서 간 모든 사람의 어깨 위에 서 있다. 그들은 치열한 싸움을 통해 우리가 현재 먹고 있는 열매의 소산지를 차지하였다. 비록 몇 가지 치명적인 실수를 저질렀다 할지라도, 그들은 영예를 얻을 자격이 있다.

오늘날 대부분의 그리스도인들은 여러 권의 성경을 가지고 있다. 이제 우리는 영적 진리에 대한 지식과 계시들의 융단폭격을 받고 있는데, 그런 지식과 계시들은 가장 큰 대형교회라도 적용은 고사하고 이해조차도 할 수 없을 정도이다. 하지만 괜찮다. 어느 한 교회가 그 모든 지식과 계시들을 다 이해하고 적용할 필요는 없다. 우리는 다 제각기 담당해야 할 역할이 있는데, 모두 다 자신의 역할에 초점을 맞춰야 한다. 그렇지만 우리가 "큰 그림"이나 혹은 교회 전체가 어디로 향하고 있는지에 대한 개념이라도 갖게 된다면 큰 도움이 될 것이다.

또한 이 땅에서 우리의 날이 장구하려면 우리는 "아버지들과 어머니들을 공경해야" 한다(신명기 5:16을 보라). 많은 위대한 부흥운동들과 영적 운동들이 너무 일찍 소멸해버리는 것은 그들보다 앞서 간 자들에 대한 공경을 경홀히 여기기 때문이다. 하지만 앞서 간 자들에 대한 공경은 주님께 너무나 중요한 요소이다. 그것은 그분이 약속을 덧붙여 주신 유일한 명령이며, 그 약속은 장수이다. 그렇게 하기 위해서는 우리의 진보가 대부분 영적 아버지들과 어머니들의 믿음과 용기 때문이라는 것을 인정해야 한다. 유산은 중요하다. 그렇기 때문에 주님은 이스라엘 모든 세대에게 하나님께서 이전 세대에 행하신 것을 기념하여 특정 절기들을 지키라고 명령하셨다.

우리가 영적인 부모를 공경하는 일에 헌신해야 하지만, 주님은 단순히 "아브라함의 하나님"으로 불리는 것이 아니라 "아브라함과 이삭과 야곱의 하나님"으로 불린다. 그것은 그분이 모든 세대와 관계를 맺고 싶어하신다는 것을 의미한다. 우리는 영적인 부모를 공경하기 원하지만 우리 스스로도 그분과의 만남을 가져야 한다.

그러므로 우리가 웨일즈 부흥과 아주사 거리 부흥을 연구하고 있는 것은 분별을 위한 것이고, 우리의 영적 조상들을 공경하기 위함이며, 또한 우리 마음에 큰 감동이 일어나게 해서 우리 스스로도 주님과의 만남을 갖기 위함이다. 우리는 단지 그 이야기들을 다시 열거하는 것으로 만족하지 말고 우리 자신이 다시 하나님의 움직이심을 보아야 한다. 프랭크 바틀맨이 부흥을 보지 못하느니 차라리 죽는 게 낫다고 말했던 것처럼, 우리도 우리 자신의 삶속에서 하나님의 움직이심을 보고자 하는 동일한 열정을 가져야 한다.

하나님은 움직이고 계신다. 우리는 이미 "성령의 원자력 시대" 속에 깊이 들어와 있다. 앞서 언급했듯이, 이미 영적 변화의 속도는 진행되는 모든 일을 이해할 수 있는 인간의 능력을 뛰어넘었다. 진행되는 일들을 이해하기조차 힘들다면 그것들을 실행하는 것은 오죽 하겠는가.

그렇지만 서로 다른 운동들의 풀려남과 그들 상호간의 교통, 그리고 재발견된 진리가 풀려나는 타이밍 등은 세상의 상태와 더불어 현재 성령이 아주 강하게 통제하고 계신다는 것을 분명히 보여준다. 자연계에서든 영계에서든 사람이 그 모든 것을 다 이해한다는 것은 전혀 불가능하다. 그렇지만 그 운동들의 본질을 이해하는 것은 이 시대에 지도자로 부름받은 사람에게는 필수적인 일이다. 우리가 이 시대에 성령이 행하고 계시는 일에 민감하고자 한다면 더욱 더 그러하다.

물론 이 운동으로부터 태어났지만 움직임을 멈춰버린 많은 개인들과 교회들이 있으며 심지어 교단 전체가 움직임을 멈춰버린 경우들도 많이 있다. 많은 지역에서 우리는 오직 지나간 영광의 자취들만을 찾을 수 있다. 불이 계속해서 타고 있는 경우는 거의 없거나 아예 없다. 그렇지만 세계 곳곳에서는, 하나님의 임재와 활동으로 불타고 있는 수많은 오순절/은사주의 교회들이 있다. 가장 큰 복음의 진보가 지금 일어나고 있는 나라들에서, 오순절 교회들과 은사주의 교회들은 반드시 선봉에 서 있다.

대부분의 다른 운동들처럼, 오순절 운동은 깜짝 놀랄 만한 현상들로 시작되었지만 후에는 내부의 격변과 외부의 핍박이 그 뒤를 이었다. 그 운동 전체를 곁길로 빗나가도록 위협하는 많은 실수들이 저질러졌다. 그 실수들은 거의 항상 너무나 놀랍게 해결되어 그 운동에 훨씬 더 큰 안정감을 주었으며 그 운동으로 계속해서 전진할 수 있게 해주었다. 우리가 그런 상황들로부터 배우는 교훈들은 어떤 전진하는 교회나 운동에도 도움이 될 수 있다.

다른 사람들이 저지른 실수를 이해하는 것은 우리가 동일한 덫에 빠지지 않도록 도움을 줄 수 있다. 그렇지만 부흥의 덫을 피하는 법에 너무 신경을 쓰기 전에 우리는 먼저 부흥을 시작하는 법부터 알아야 할 것이다! 어떤 여행에서든 가장 중요한 단계는 첫 단계이므로, 진정한 하나님의 운동이 어떻게 시작되는지 이해하는 것은 결정적으로 중요한 일이다. 그것이 바로 이 연구의 핵심이다. 우리는 몇 가지 실수들을 살펴보았지만 올바로 행해진 것들에 훨씬 더 많은 관심을 기울여야 한다. 단 몇 시간만 투자해서 역사를 공부하는 것이 장래에 수년 동안 곁길로 빠져 들어갈 위험에서 우리를 구해줄 수 있다.

지금까지 해온 모든 연구 속에서, 우리는 교회의 씨가 예수 그리스도라는 것을 깨달아야 한다. 우리는 지금 그분을 바라보면서 우리가 어떤 모습이 되어야 하는지를 알아야 한다. 성경과 교회, 혹은 역사를 연구할 때 우리가 찾아야 할 분은 바로 주님이시다. 들리는 바에 의하면, 미켈란젤로는 그의 위대한 다윗왕 조각상을 완성한 후에 어떻게 그것을 해냈느냐는 질문을 받았다고 한다. 그는 마음속에 다윗

왕의 그림을 갖고서 불필요한 부분은 모두 잘라 내었다고 대답했다. 어떤 의미에서는, 그것이 바로 교회 안에서 "뛰어난 건축가"로 부름 받은 자들이 해야 할 일이다. 우리는 마음속에 예수님에 대한 선명한 그림을 갖고서 불필요한 부분은 모두 제거해야 한다. 마찬가지로, 그것이 바로 우리가 이 중요한 역사를 고찰하면서 목표로 삼아야 할 일이다.

21장
요약

　　　　　　우리의 목표가 단순히 과거를 높이는 것이 아니라 우리가 살고 있는 시대를 준비하는 것이기 때문에, 특별히 이 두 차례의 부흥운동에서 밝혀지는 몇 가지 기본적인 부흥의 원리들이 있다. 어떤 의미에서, 이것은 씨를 뿌리기 전에 땅을 경작하는 것으로 간주될 수도 있겠지만 우리가 그 두 차례의 가장 주목할 만한 역사로부터 충만한 유익을 얻고자 한다면 그것은 필수적인 것이다.

　　부흥은 실제로 우리가 주님만큼 추구하는 것이 아니지만 그분을 찾는 자들은 필연적으로 부흥의 불을 점화시키게 될 것이다. 부흥은 그분을 위해, 그분을 사랑하면서, 그분을 추구하면서, 그리고 그분 안에 거하면서 사는 삶의 열매이다. 지속적으로 그분을 추구하기보다 부흥을 다루는 법에 마음을 빼앗기는 것은 많은 부흥운동들을 시들게 하고 어떤 경우에는 완전히 멈춰버리게 하는 요인들 중 하나이다. 부흥을 경험하기 시작하는 사람들의 가장 비극적인 실패와 잘못 가운데 하나는 어리석게도 사람들을 계속해서 흥분시키려고 노력하는 것이나. 피터 로드(Peter Lord)가 즐겨 말하는 것처럼, "중요한 것은 중요한 것을 중요한 것으로 유지하는 것이다." 그리고 그 중요한 것이란 하나님을 추구하는 것이다. 그것을 결코 잃어버리지 말라. 그것이야말로 우리의 가장 큰 보물이기 때문이다.

하나님 자신이 아들의 몸을 통해 이땅을 걸으신 이후로 가장 큰 하나님의 운동은 아직 다가오지 않았다. 주님은 친히 그것을 시대의 마지막에 있을 추수라고 부르셨다. 모든 것 중에서 가장 큰 추수는 지구 전역에 하나님 나라의 복음을 전파한 결과가 될 것이다(마태복음 13:39을 보라). 웨일즈 부흥과 아주사 거리 부흥은 함께 우리에게 그 추수가 어떤 모습이 될 것인지를 미리 맛보게 해주는 아주 좋은 본보기다.

씨를 보고서 그것으로부터 생겨날 큰 식물이나 나무를 이해한다는 것은 보통 아주 어려운 일이다. 사과 안에 든 씨는 헤아릴 수 있지만 씨 속에 들어 있는 사과를 누가 헤아릴 수 있겠는가? 그러므로 나는 우리가 장차 기대해야 할 부흥에 대해 지나친 정의를 내리려고 하지 않겠다. 하지만 우리가 분명히 아는 한 가지가 있다. 웨일즈 부흥과 아주사 거리 부흥이 대단히 놀라운 것이었지만 그때가 시대의 마지막은 아니었다. 따라서 추수는 아직 오지 않았다. 그러므로 그것들은 성숙한 열매가 아니었다. 그 두 차례의 부흥이 대단히 놀라운 것이었지만 그보다 더 놀라운 것은 아직 오지 않았다!

그분은 여전히 마구간에서 태어나신다

성경 시대에, 마구간은 가장 거슬리는 장소였다. 마룻바닥은 딱딱하게 굳은 똥과 다른 오물이 수없이 묻어 있었다. 냄새가 너무 지독해서 가능한 한 다른 주거지에서 멀리 떨어진 곳에 설치되었다. 오늘날의 기준으로 보면, 마구간은 동물들이 살기에도 적합하지 않은 곳이었다. 영광의 주님께서 이 땅에 들어오실 통로로 그런 장소를 선택하셨다는 것은 인간에게 주시는 가장 심오한 계시적 메시지 가운데 하나이다. 그분이 그런 곳을 사용하여 자기를 드러내시기를 멈추지 않으셨기 때문에 우리도 그분의 메시지를 놓치지 않는 것이 좋을 것이다. 주님은 영국 제도에 속한 공국들 중에서 가장 보잘 것 없는 공국인 웨일즈를 선택하셨듯이 나중에는 현대 기독교의 모습을 바꾸시기 위해 그 작고 보잘 것 없는 아주사 거리 선교회와 겸손하지만 용기있는 세 명의 흑인 목사들을 선택하셨다.

인간의 추론으로는 결코 마구간에 가서 하나님을 찾지는 않을 것이다. 그분이 발견될 수 있는 유일한 길은 계시뿐이다. 오직 성령의 인도하심을 받는 자들만이 마구간으로 찾아왔다. 이것은 오늘날에도 변하지 않았다. 하나님께로부터 태어난 것은 대개 인간의 교만과 뻔뻔스러움에는 거슬리는 것이다. 주님은 한 번도 위대한 신학의 중심지나 세력가의 거점에서 진정한 부흥을 출산하신 적이 없다. "하나님이 교만한 자를 물리치시고 겸손한 자에게 은혜를 주신다."(야고보서 4:6을 보라) 우리가 겸손하면 겸손할수록 그만큼 더 많은 은혜를 받을 수 있다.

탄생하신 후에, 예수님은 이스라엘의 가장 멸시받는 부족의 가장 멸시받는 소읍에서 양육되었다. 심지어 그분의 외모까지도 너무나 보잘 것이 없어서 아무도 그분에게 끌리지 않았다(이사야 53:2을 보라). 그 후에 그분은 타락한 인간의 비열하고 야비한 계략이 그때까지 고안해낸 것 중 가장 불명예스런 고문과 처형을 받으신 후에 이 세상을 떠나셨다. 이 복음은 육신적인 인간에게는 어리석은 것이며 항상 그럴 것이다. 그것은 인간의 지혜로 사는 자들이나 정치적인 영향력의 자부심에 끌려다니는 자들은 결코 끌어당기지 못할 것이다. 이 세상의 다른 어떤 것보다 진리를 사랑하는 자들만이 진정한 복음의 불명예 가운데서도 그분과 함께 동행하려고 할 것이다.

예수님의 출생과 삶, 그리고 죽음은 인간적 지혜와 교만의 나무 뿌리에 도끼를 던진 것이었다. 그런 인간적 지혜와 교만은 선악을 알게 하는 지식나무의 열매였다. 그것이 피조세계가 지금까지 들었던 것 중에 가장 강력한 메시지이다. 그것이 하나님의 인격과 성품에 대한 가장 심오한 간증이다. 우리가 육적인 인간에게 호소하기 위해 그 복음을 멋지게 꾸미는 것은 복음에 담긴, 인간을 자유케 하는 능력을 파괴하는 것이며 그때 우리 자신도 생명의 길에서 벗어나 표류하기 시작하게 된다. 이런 이유 때문에, 바울은 그리스도와 그의 십자가에 못박히신 것 외에는 아무것도 전하지 않았다. 그는 사람들이 다른 메시지를 듣고 온다면 그들의 회심도 거짓된 회심이 될 것을 알았다.

주님이 행하시는 것을 보기 위해서는 우리 육신의 죽음과 때로는 우리 평판의 죽음까지도 요구되는 곳으로 가야 할지도 모른다. 우리는 한낱 어린 아기 안에서 세상의 구원을 볼 수 있었던 시므온과 안나의 마음을 가져야 한다. 열매가 아직 분명하지 않더라도 낙담하지 말라. 장차 열매가 될 씨앗을 찾으라. 그분이 오직 가난하고 가련하고 멸시받는 자들 가운데서만 발견된다는 뜻은 아니지만 그분은 대개 그런 곳에서 발견되신다. "그러나 하나님께서 세상의 미련한 것들을 택하사 지혜 있는 자들을 부끄럽게 하려 하시고 세상의 약한 것들을 택하사 강한 것들을 부끄럽게 하려 하시며"(고린도전서 1:27).

 진정한 복음은 결코 사람의 육적인 본성에 호소하지 않을 것이며 오히려 그 본성에 정면으로 맞서 그 뿌리에 도끼를 던질 것이다. 사도 바울은 이렇게 단언했다. "내가 지금까지 사람의 기쁨을 구하는 것이었더면 그리스도의 종이 아니니라."(갈라디아서 1:10을 보라) 우리는 누구를 기쁘게 할 것인지 선택해야 한다. 그리스도 아니면 사람이겠지만 결코 둘 다일 수는 없다. 우리가 세상의 지혜로운 자들에게 어리석게 보이는 것을 기꺼이 붙잡지 않는다면 하나님이 행하고 계시는 것을 붙잡지 못할 것이다. 다시 한 번 교회는 극단적인 선택에 직면해 있다. 우리가 사람들의 마음에 끌리는 복음을 전함으로 위험에 처한 그들의 영혼을 그대로 내버려둘 것인가? 아니면 심령을 변화시키고 복음을 받기 위해 자신을 겸손케 하려는 자들의 영혼을 구원할 복음을 전할 것인가? 웨일즈와 아주사 거리에서 그들은 하나님을 선택했고 그 결과 온 세계가 그들의 선택으로부터 유익을 얻었다.

어린아이들이 문을 열었다

작은 웨일즈 공국에서는 한 무리의 어린아이들과 청소년들이 하늘을 감동시켰고 그 하늘을 이땅에 너무나 강력한 능력으로 임하게 한 나머지 그 소식이 곧 바로 세계 전역에서 제 1면 뉴스가 되었다. 세계의 가장 뛰어난 저자들과 선교사들, 신학자들 및 영적 정치가들이 그 놀라운 하나님의 운동을 이끌고 있는 십대 청소년들의 발치에 앉기 위해 지구의 사면 끝에서부터 배를 타고 건너왔다. 그 부흥의 지도자였던 에반 로버츠는 27세밖에 되지 않았고, 사역자들 대부분이 그보다 훨씬 더 어렸다. 하지만 그들이 바로 그 부흥이 들어오도록 문을 열어놓은 다음 판관으로 그 문에 앉았던 "장로들"이었다. 주님은 마태복음 18:3-6에서 다음과 같이 말씀하셨다:

> 가라사대 진실로 너희에게 이르노니 너희가 돌이켜 어린 아이들과 같이 되지 아니하면 결단코 천국에 들어가지 못하리라
> 그러므로 누구든지 이 어린 아이와 같이 자기를 낮추는 그이가 천국에서 큰 자니라
> 또 누구든지 내 이름으로 이런 어린 아이 하나를 영접하면 곧 나를 영접함이니 누구든지 나를 믿는 이 소자 중 하나를 실족케 하면 차라리 연자맷돌을 그 목에 달리우고 깊은 바다에 빠뜨리우는 것이 나으니라

유명한 웨스트민스터 채플의 목사였던 캠벨 몰간(G. Campbell Morgan)과 구세군의 창시자였던 부스 장군(General Booth) 같이 당

대의 위대한 하나님의 사람들이 그곳에 와서는 겸손하게 그 부흥을 이끌고 있던 어린아이들의 발치에 앉았다. 그들은 하나님 나라에서 큰 자들이었다. 다른 이들은 그 아이들에게 자신의 지도가 필요하다고 생각하는 영적 교만을 가지고 왔는데, 그들 중 한 사람은 실제로 그 전체적인 부흥에 거치는 돌이 되기까지 했다.

요컨대, 부흥이 터져나올 경우, 결코 그들에게 당신이 필요할 것이라고 생각하면서 그곳에 가지 말고 그냥 어떻게 하면 배울 수 있을까를 생각하며 열린 마음으로 가라. 다윗이 하나님의 궤를 예루살렘으로 가져오려고 할 때 소들이 날뛰자 웃사가 주제넘게 그 궤를 흔들리지 않게 하려고 하다가 죽은 것처럼, 우리가 하나님의 영광을 흔들리지 않게 할 수 있다고 생각하는 것은 무서운 교만이다. 사실 하나님께서 돕는 일에 우리를 사용하실 수는 있겠지만, 아무리 상황이 불안해 보인다 하더라도 우리가 그분으로부터 분명한 지시도 받지 않은 채 영광을 만지려고 하는 것은 어리석은 짓이다.

세상의 빛

짧은 기간 동안, 천국이 너무나 강력하게 웨일즈에 침투해 들어온 결과로 웨일즈 사회 전체는 그 이전에 지구상에 일어난 그 어떤 변화보다 더 심오하게 변화되었다. 심지어 1세기 교회조차도 지역 사회에 영향을 미치지 못했는데, 웨일즈 부흥은 비록 잠시 동안이었지만 지역 사회에까지 영향을 미쳤다. 웨일즈 부흥 기간에는 귀신들이 도망치고 죄가 상상할 수도 없는 일이 되었을 뿐만 아니라 하나님 찾는 것을 제외한 삶의 다른 모든 집착거리들이 전에는 가장 강퍅한 죄인들처럼 보였던 사람들의 마음까지도 전혀 끌지 못하고 말았다.

아마도 웨일즈 부흥의 가장 큰 결과는, 하나님에 대한 깊고 열정적인 굶주림이 지구 전역으로 퍼졌다는 사실이었을 것이다. 이 부흥의 기간 동안 하나님과 그의 역사는 지구상 어디에서든 주된 화제거리였던 것 같다. 많은 지역에서, 교회의 문이 일주일에 7일 동안 매일 밤 열렸지만 그래도 사람들을 다 수용할 수 없었다. 성경과 기독교 서적들은 그 시대의 베스트셀러였을 뿐 아니라 오직 그런 책들만 팔려 나갔다. 하나님을 아는 지식에 대한 굶주림이 홀연히 땅을 사로잡았던 것이다.

앞에서도 살펴보았듯이, 이 시기 동안에 누구보다도 영적으로 가장 굶주린 사람은 아마도 윌리엄 세이무어라는 이름의 젊은 흑인이었을 것이다. 그가 산소보다도 더 하나님을 원했다고 언급되었듯이, 그는 아마도 노아 이후에 땅에 발을 내디딘 사람들 중 가장 절박하게 하나님을 찾았던 사람 축에 들어갔을 것이다. 그런 사람들은 항상 하나님을 발견하기 마련이며 거의 항상 지구 전역에 그분의 경이로움을 퍼뜨리는 데 사용된다. 세이무어도 분명히 그렇게 쓰임 받았다.

두 가지의 부흥이 정확하게 같은 경우는 없지만 모든 부흥 사이에는 거의 항상 신적인 연결고리와 연관성이 있다. 다음 부흥에 뛰어들기 위해서는 거의 항상 앞서 일어난 부흥들을 재발견해야 하는 것 같다. 웨일즈 부흥의 지도자였던 에반 로버츠가 바틀맨과 세이무어에게 직접 편지를 써서 자신의 견해를 이야기한 것은 결코 우연이 아니었다. 새로운 부흥의 지도자들은 이전 부흥의 지도자에 의해 세례를 받아야 했는데, 그 세례의 수단들은 로버츠의 편지들만이 아니라 그들이 웨일즈 부흥에 관해 읽고 널리 퍼뜨린 모든 책들과 소책자들까지 포함된다.

부흥에 관한 이야기를 듣거나 읽는 것만으로도 사람들 안에 새롭고 신선하게 주님을 찾고자 하는 열정이 일어난다. 그런 하나님의 운동들 위에 있던 불이 너무나 강렬해서 그에 관한 편지나 신문기사가 세계의 다른 지역에서 읽혀질 때면 그곳에서도 부흥이 터져나오곤 했다. 그 사건들에 관한 이야기들이 너무나 감동적이어서 가장 강퍅한 심령이라도 충격을 받지 않을 수 없었다. 그 사건들이 일어난 지 1세기가 지난 오늘날에도 여전히 그 부흥들에 관해 언급만 해도 그 위에 강렬한 불이 있다. 그 이야기들을 읽거나 듣는 사람들은 여전히 죄책감과 소망에 강하게 부딪히지 않을 수 없다. 그리고 참된 소망은 결코 그들을 실망시키지 않을 것이다.

은혜의 근원

때로는 부흥이 걷잡을 수 없을 정도로 확산되는 것처럼 보이기 때문에, 많은 사람들에게는 그 부흥을 통제하려는 유혹이 있을 것이다.

그것은 어리석고 파괴적인 실수가 될 수 있다. 그렇다고 우리가 부흥을 점화시키거나 부흥 리더십의 일원이 되도록 쓰임받을 때 하나님께서 우리에게 주시는 권위를 사용해서는 안된다는 의미는 아니지만 잠언 11:2-3과 16:18은 다음과 같이 경고하고 있다:

> 교만이 오면 욕도 오거니와 겸손한 자에게는 지혜가 있느니라
> 정직한 자의 성실은 자기를 인도하거니와 사특한 자의 패역은 자기를 망케 하느니라
> 교만은 패망의 선봉이요 거만한 마음은 넘어짐의 앞잡이니라

고린도전서 1:26-31도 우리에게 다음과 같이 권면하고 있다:

> 형제들아 너희를 부르심을 보라 육체를 따라 지혜 있는 자가 많지 아니하며 능한 자가 많지 아니하며 문벌 좋은 자가 많지 아니하도다
> 그러나 하나님께서 세상의 미련한 것들을 택하사 지혜 있는 자들을 부끄럽게 하려 하시고 세상의 약한 것들을 택하사 강한 것들을 부끄럽게 하려 하시며
> 하나님께서 세상의 천한 것들과 멸시 받는 것들과 없는 것들을 택하사 있는 것들을 폐하려 하시나니
> 이는 아무 육체라도 하나님 앞에서 자랑하지 못하게 하려 하심이라
> 너희는 하나님께로부터 나서 그리스도 예수 안에 있고 예수는 하나님께로서 나와서 우리에게 지혜와 의로움과 거룩함과 구속함이 되셨으니
> 기록된바 자랑하는 자는 주 안에서 자랑하라 함과 같게 하려 함이니라

분명 우리는, 항상 진정한 부흥의 중심부 가까이서 발견되는 것처

럼 보이는, 미묘하면서도 중요한 많은 원리들을 조사하기 원한다. 그렇지만 그런 노력은 우리 자신이, 다가오는 보다 큰 부흥, 곧 이 시대의 마지막에 있을 추수를 준비할 수 있기 위해서이다. 우리가 가장 잘 준비할 수 있는 가장 좋은 방법들 중 하나는, 우리의 부르심이 참된 지혜에게 요구하는 겸손 가운데 행하기로 결단하는 것이다. 우리는 대단한 지혜 때문이라기보다 어리석음 때문에 부름 받았을 가능성이 더 높다. 그러므로 우리는 주님의 지혜를 구하면서 그분을 훨씬 더 의지해야 하며 우리 자신을 "시대적인 능력의 사람"이라고 생각하는 오만함 가운데 행해서는 안 된다.

성경에 나오는 예언의 가장 많은 부분이 지금 이 시기에 초점을 맞추고 있으며 교회사 속의 중요한 사건들은 모두 어느 정도는 이 시기를 위한 준비 과정이었다. 우리는 그 목적을 위해 지금 이 시대에 살고 있으며, 주님은 그 목적에 따라 우리에게 은사를 주셨다. 하지만 하나님의 모든 은사는 그의 은혜로 작동된다. 나는 야고보서 4:6을 통해 그것을 다시 한 번 반복하고자 한다. "하나님은 교만한 자를 물리치시고 겸손한 자에게 은혜를 주신다." 그러므로 우리는 얼마나 많은 은사를 받았느냐에 관계없이 우리에게 필요한 것은 은혜이며 우리가 겸손한 마음을 유지하는 동안만 그분의 은혜를 유지하게 될 것이라는 사실을 항상 붙잡아야 한다.

그러나 교회는 구경꾼으로 이 땅에 존재하는 것이 아니라 세상의 빛으로 존재한다. 우리는 온도계가 되도록 부름받은 것이 아니라 온도조절장치가 되도록 부름받았다. 우리는 단순히 세상의 사건들을 해석하기 위해 이곳에 존재하는 것이 아니라 세상의 경로를 설정해 주기 위해 존재한다. 물론 하나님의 지시를 받지 않으면 그것은 그리스도인이 가질 수 있는 가장 교만한 태도가 될 것이다. 그분은 참된 것이 정로를 벗어나지 않도록 하기 위해 그 일이 행해져야 하는 방식도 정해놓으셨다. 그것은 진리의 능력과 그 진리를 반영하는 삶의 확신으로 수행되어야 한다.

주님은 또한 핍박이 교회 안에 있는 나무와 풀과 짚은 태워버리고 금과 은과 보석은 정결케 하면서 그분의 추종자들을 진실하게 하기 위한 불이라는 것을 분명히 하셨다. 비록 웨일즈 부흥이 어쩌면 다른 어떤 하나님의 운동도 가져보지 못했던 가장 긍정적인 보도를 누렸다 할지라도, 동시에 미디어의 지속적인 공격과 조롱이 있었다. 아주사 거리 부흥은 미디어에서 긍정적인 기사를 거의 내보내지 않는 전형적인 형태의 부흥에 더 가까웠다. 그래서 그 부흥은 악의적으로 계속해서 공격을 받았다. 그렇지만 미디어의 공격조차도 말씀을 전파하는 역할을 하였고 너무나 많은 사람들을 그 부흥으로 끌어오는 데 도움이 되었다. 그래서 잠깐 동안은 아주사 거리가 세계에서 가장 유명한 주소라는 말이 들리기도 했었다.

그 시대의 빛

웨일즈 부흥과 아주사 거리 부흥에는 예언적인 유사점들이 있는

데, 그것들은 이 시대를 위해 필요한 준비 가운데로 우리를 인도해 줄 수 있을 것이다. 그 시대 웨일즈와 로스 앤젤레스의 교회는 오늘날의 교회의 모델이며, 그 시대 웨일즈와 로스 앤젤레스의 지역 사회는 오늘날의 사회의 상태이다. 특히 그 시대의 교회와 사회가 한결같이 엄청난 세속화와 도덕성의 붕괴를 경험하고 있었다는 점에서 더욱 더 그렇다. 하지만 그 부흥운동들이 그런 흐름을 수십 년 동안 역전시켜 놓았다.

당신이 지도상에서 어느 지점에 있는지 안다면 지도가 필요없는 것처럼, 우리도 하나님의 계획에서 어느 지점에 있는지 알기 위해 역사를 이해할 필요가 있다. 성경은 기본적으로 3분의 2가 역사이고 3분의 1이 예언인데, 그 예언들 중에서 많은 것들이 이제 성취되었기 때문에, 성취된 예언들 역시 지금은 역사가 되었다. 우리가 어디에 있었고 지금 어디에 있으며 어디로 가고 있는지 보여줄 수 있는 것은 가장 정확한 지도이다. 그 두 번의 부흥은 그 지도 위에 세워진 커다란 이정표들이다.

그 위대한 부흥을 위한 영적 토대가 어떻게 세워졌는지 이해하게 되면 주님께서 오늘날 교회 안에서 다가오는 추수에 대비하여 세우고 계시는 기도를 이해하는 데 도움을 얻을 수 있다. 과거에 올바로 행해진 것을 이해하게 되면 우리가 올바로 행하는 데 도움을 얻을 수 있다. 마찬가지로, 실수들을 정직하게 바라보게 되면 우리가 똑같은 실수를 피하는 데 도움을 얻을 수 있다. 한 지혜자가 언젠가 말한 적이 있듯이, "역사를 모르는 자들은 그것을 되풀이할 운명에 처해 있다."

길을 예비하라

과거의 단 20년만에, 세계는 역사상 가장 놀라운 영혼의 추수를 경험했다. 그 대부분은 아프리카와 남아메리카, 중앙아메리카, 그리고 아시아에서 일어났는데, 몇 가지 평가에 따르면, 결과는 오순절날로부터 1988년까지보다 1988년 이후에 구원에 이른 사람들의 숫자가 더 많았다. 그것은 지금 지구상에 살고 있는 사람들이 지난 역사 속에 살았던 사람들을 합친 것보다 더 많다는 사실과 어느 정도 관계가 있지만, 세계는 또 다시 그 어느 때보다 더 놀라운 영혼의 추수를 지난 몇 년 사이에 경험했다. 그렇지만 나의 책 『추수』(The Harvest)에서 경고했듯이, 그 첫 번째 파도는 다가오는 전 세계적 부흥을 위한 일꾼들을 불러들이는 것에 불과한 것이었다. 다가오는 전 세계적 부흥은 그것보다 훨씬 더 거대한 파도가 될 것이다.

다가오는 전 세계적 하나님의 운동은 훨씬 더 큰 파도를 이루어 10억에서 20억 사이의 새 신자들을 믿음으로 돌아오게 할 것이다. 그 하나님의 운동은 여러 가지 면에서 다른 어떤 운동과도 같지 않을 것이다. 하지만 어떤 면에서 그것은 웨일즈 부흥과 아주사 거리 부흥의 열매이기도 하여 그 부흥들과 유사할 것이다. 그러기 때문에 우리가 그 두 차례의 부흥을 연구해야 하는 것이다. 그렇지만 그 어떤 부흥도 앞서 간 두 차례의 부흥과 완전히 똑같으리라고 기대할 수는 없다. 하나님은 심지어 모든 눈송이까지도 서로 다르게 만들기를 좋아하실 만큼 다양성을 대단히 좋아하신다. 신약에서 볼 수 있는 것처럼, 예수님은 두 사람조차도 똑같은 방법으로 치유하시지 않았던 것 같다.

어둠이 아니라 빛에 초점을 맞추라

나는 똑같은 실수를 피할 수 있도록 과거의 부흥사건들에 무슨 문제가 있었는지 알아내려고 부흥을 연구하는 상당수의 사람들과 만나 대화를 주고 받은 적이 있다. 그것이 도움이 될 수는 있겠지만, 그것을 일차적인 관심사로 가진 사람들 가운데 자신의 주변에서 부흥이 일어나는 것을 경험한 사람을 나는 지금까지 단 한 명도 만나보지 못했다. 나는 과거에 일어난 부흥운동들의 문제점과 실수를 이해하는 것이 우리에게 도움이 될 수 있다는 사실에 동의하지만, 우리는 실수들에 지나친 관심을 갖기 이전에 먼저 그들이 부흥이 일어날 수 있게 하기 위해 무엇을 올바로 행했는지 알아내야 할 것이다!

그 위대한 부흥운동들의 여러 가지 측면들 가운데서 우리가 본받기를 추구해야 할 것들이 많이 있고 피해야 할 것들도 조금 있다. 현재 역사를 연구하는 교회 안에서 일깨워지고 있는 커다란 관심사는 부흥을 준비시키시는 하나님의 은혜이다. 그토록 놀라운 은혜를 경홀히 여기지 말도록 하자.

앞서 언급한 것처럼, 우리는 또한 그 두 차례의 부흥운동 사이의 연결고리를 이해해야 한다. 나는 웨일즈 부흥에서 성취된 모든 것을 웨일즈에서 행하는 것이 주님의 의도였다는 결론에 도달했다. 하지만 웨일즈에서 경로 이탈 행위가 생겨나자 현대 오순절 운동의 시작을 위해 또 다른 그릇과 장소가 선택되어야만 했다. 웨일즈 지도자들이 경로에서 이탈하자 부흥은 급속도로 사그라들었다. 하지만 즉시 그 불이 로스 앤젤레스에서 분출되었다. 그 선교회가 기회를 놓치고 곁길로 빠졌을 때, 부흥은 다른 지역들에서 일어났다. 그런 패턴이 오늘날까지 세계 전역에서 계속되고 있다.

따라서 우리의 목적은 먼저 우리도 부흥을 경험할 수 있도록 진정한 부흥의 모판을 이해하는 것이며 두 번째로는 그 부흥을 계속 진행시키기 위해 겸손함으로 하나님의 은혜를 구하는 것이다. 그렇지만 우리가 어느 지점에서 곁길로 빠져 끝나버릴 운명을 가진 부흥을 시작한다고 할지라도, 전혀 부흥을 경험하지 못하는 것보다는 부흥을 시작하여 몇 가지라도 성취하는 것이 더 낫다.

오순절 운동의 도움으로 교회에 회복된 모든 것 외에도, 주님께서 자기 백성에게 주시고자 하시는 것이 분명 더 많이 있다. 많은 기독교 지도자들이, 심지어 아주사 거리 출신의 몇몇 지도자들조차도, 더 많은 것이 올 것이라고 주장했다. 성령세례 외에 우리가 무엇을 더 기대할 수 있을까?

그 지도자들 중 많은 이들이 아주사 거리가 성령세례를 풀어놓는 모습을 예언적으로 보았다고 설명했다. 하지만 그들은 장차 성령과 (and) 불을 함께 풀어놓을 또 다른 운동이 다가오는 것을 보고 있었다. 처음에 나는 이것이 "지나치게 세세히 구별하는" 것이 아니면 "말장난하는" 것이라고 생각했다. 성경은 그런 말 장난을 금하고 있다.

하지만 내가 지난 세기의 가장 위대한 몇몇 기독교 지도자들의 글이나 메시지에서 다가올 운동에 대한 기대감뿐만 아니라 "과(and)"라는 용어를 계속해서 접하게 되었을 때, 그것은 더 많은 가치를 지니기 시작했다. 이제 새롭게 일어나고 있는 오늘날의 지도자 세대 중 몇 사람이 동일한 용어를 사용해 오고 있는 것 같다. 즉 다가오는 운동이 성령과 불의 세례라는 것이다. 하지만 그것이 무엇을 뜻하는 것일까?

고린도전서 13장에서 언급되고 있는 말씀처럼, 우리는 부분적으로 보고 부분적으로 알며 부분적으로 예언한다. 따라서 전체적인 그림을 갖기 위해서는 우리가 가진 것을 다른 사람들이 받은 것과 조합해 보아야 한다. 이와 같은 교회의 재능과 영광이 언젠가는 우리 모두를 너무나 강력한 연합속으로 몰아가서 결국 주님은 우리에게 전례없는 능력과 권위를 위임하실 수 있게 될 것이다. 이것을 연구하면서, 나는 웨일즈와 아주사로부터 얻은 조각들을 다른 조각들과 함께 하나로 합치려고 애쓰고 있다. 성령과 불로 세례를 받는다는 것이 무엇을 의미하는가 라는 질문에 답하는 것이 이 연구의 주된 목적이지만 지금 그것에 대해 한 마디로 답하게 되면 그것의 참된 의미가 엄청나게 축소되는 비극을 피할 수 없을 것이다. 다시 한 번 새로운 오순절이 오고 있다! 그것은 사실 새로운 것이 아니라 세례의 몇 가지 측면들 가운데 현대 오순절 운동과 은사주의 운동에 의해 아직 온전히 회복되지 못한 측면이 회복되는 것이다.

물론 그와 같은 진술은 반드시 논란을 불러일으킨다. 그러나 그런 믿음은 1세기 오순절날 처음으로 성령이 쏟아 부어진 이후 거의 모든 하나님의 운동을 지탱하는 토대가 되었다. 우리가 가져야 할 모든 것을 가지고 있고 교회가 부름받은 대로의 온전한 모습을 회복했다고 생각하는 것은 궁극적인 형태의 기만이나 교만이든지 아니면 둘 다이다.

나는 논쟁을 불러일으키려고 하지 않지만 논쟁을 불러일으키는 은사가 있는 것 같다. 내가 그것에 대해서 불편함을 느끼지 않는 이유는, 논쟁이 진정한 부흥에 필수적인 것처럼 보일 뿐 아니라 역사상 하나님의 모든 운동의 중심부에 있었기 때문이다. 심지어 하나님 자신이 땅위를 걸으셨을 때에도 그러했다. 나의 목표는 단지 과거에 대해 말하는 것이 아니라 하나님께서 우리가 살고 있는 시대에 또 다시 그렇게 행하시는 광경을 보는 것이다. 참된 메시지는 교회 안에서 종교의 영의 지배에 가장 큰 위협이기 때문에 항상 외식하는 자(종교의 영)의 공격 대상이 되곤 한다.

그렇지만 나는 아주사 거리 이후로 수백만 명을 너무나 놀랍게 변화시킨 성령세례가 진짜가 아니라고 말하려는 것이 아니다. 하지만 우리는 그것이 우리가 기대할 수 있는 전부인가라는 질문을 던져 보아야 한다. 나는 능력이 실제적이고 수많은 사람들이 영향을 받고 있으며 놀라운 기적들이 우리 시대에 성령의 역사를 통해 경험되고 있다는 것을 추호도 의심하지 않는다. 그렇지만 거룩과 정직, 도덕성, 그리고 모든 참된 지혜의 시작이자 기초인 주님에 대한 거룩한 두려움 같은 몇 가지 중요한 요소들이 빠져 있다. 이것들은 오순절 지도자들이 종종 언급했던 것들로, 불세례의 결과로 온 것들이었다. 이 불의 목적은 정결케 하는 것과 담대함을 주는 것이다.

사도행전에서 제자들은 오순절날 후에도 여러 번 반복적으로 충만함을 받았다. 성령으로 다시 충만함을 입은 결과들 중 가장 놀라운 것은 아마도 증인되게 하는 담대함이었을 것이다. 오늘날 많은 오순절 및 은사주의 교회들은 결과를 두려워하지 않고, 혹은 누가 상처받을까 염려하지 않고 담대하게 하나님의 말씀을 선포할 용기를 잃어버린 것 같다. 그런 담대함과 용기는 1세기 오순절날에 임한 성령세례의 중요한 특징이었다. 1세기의 사도들이 세례받을 때 그런 일이 일어났다면 오늘날 그들에게 상응하는 사람들은 어디에 있는가?

그렇다 하더라도 많은 위대한 현대 오순절의 아버지들과 어머니들은 그들의 삶속에 분명히 그런 특징들을 가지고 있었다. 그러나 너무나 많은 사람들이 생명의 길 양편에 있는 도랑-불법이나 율법주의-중 어느 한쪽에 빠졌다. 그런 경향은 오늘날까지도 계속되고 있다. 그렇지만 성령 안에 새로운 감동하심이 있다. 보다 더 근본적이고 심오한 것이 있는데, 핵반응과 같은 방출을 일으킬 새로운 임계질량의 형성과 비교해 볼 때 그것이 더 나을 수 있다.

새로운 오순절이 오고 있다. 다시 말하거니와, 이것은 결코 위대한 웨일즈 부흥과 아주사 거리 부흥이 교회에게 열어주었던 모든 것의 가치를 떨어뜨리거나 폄하하려는 것이 아니다. 사실, 예수님께서 그 자신의 위임명령을 받기 전에 모든 의를 이루기 위해 요한에게 세례를 받으셔야 했던 것처럼, 새로운 운동에 참여하고자 하는 모든 자들이 그들보다 앞서 간 사람들에게 복종하고 그들을 공경하는 것은 결정적으로 중요한 일이다. 그러면서도 우리가 그 이상의 것들을 구하는 것은 옳은 일이다.

이제 웨일즈와 아주사의 이야기를 읽었으므로, 당신은 비록 우리가 그때 이후로 많은 하나님의 위대한 운동들로 축복을 받았지만 그처럼 거대한 운동들은 아직 보지 못했다는 사실에 동의할 것이다. 하지만 장차 우리는 볼 수 있다. 당신도 볼 수 있을 것이다.

성경에서 참된 믿음은 단지 성경에 기록된 내용이 사실이라고 믿는 것만이 아니라 그와 같은 일들이 우리 자신의 삶속에도 일어날 것이라고 믿는 것이듯, 그 위대한 부흥운동들에 대한 진정한 존중은 그 부흥들이 다시 한 번 일어나되, 훨씬 더 강력하게 일어날 때까지 그들과 동일한 열정과 초점과 결단을 가지고 하나님을 추구하는 것이다.

웨일즈와 아주사는 씨앗이었다. 지금은 추수의 때이다. 우리의 목표는 단순히 영감을 받는 데서 멈추는 것이 아니라 그런 부흥이 우리 시대에 다시 일어나는 것을 목격하는 것이다. 하나님께서 당신을 사용하셔서 성냥불을 켜심으로 그 불을 풀어놓으실 수도 있다. 그러지 말라는 법이 어디 있는가? 당신 안에 있는 성령은 사도 바울이나 다른 어느 누구 안에 거주하셨던 성령보다 결코 더 작거나 덜 능력있는 분이 아니다. 당신이라고 안된다는 법이 어디 있는가? 그 주목할 만한 사건들 뒤에 계시는 그분, 자신의 은총을 통해 가장 놀라운 인간적 노력으로 할 수 있는 것보다 더 많은 것을 성취하실 그분을 결코 놓치지 말라. 바로 그분이 당신 안에 계신다!

당신이 더욱 더 겸손하고 연약할수록 그만큼 더 부흥을 위해 쓰임

받기에 합당한 후보자가 될 수 있다. 성령이 정말로 성전에 들어오실 때, 모든 육체와 주제넘은 것들은 달아나고 말 것이다! 비록 시기는 달랐지만 그것이 웨일즈 부흥과 아주사 거리 부흥의 현저한 특징이었다. "학문없고 훈련받지 못한" 사도들이 예루살렘의 산헤드린 앞에 서서 그들 모두를 놀라게 했던 것처럼, 위대한 지식과 뛰어난 구변이 사랑과 순수한 헌신에 무릎을 꿇었다. 그 시대의 위대한 설교자들 중 한 사람은, 오늘날에도 여전히 세계에서 가장 훌륭한 강단 가운데 하나로 여겨지고 있는 유명한 웨스트민스터 채플(Westminster Chapel)의 목사, 캠벨 몰간이었다. 몰간은 그 어린아이들과 함께 하고 있던 하나님의 임재를 조금이라도 체험할 수 있다면 자신의 모든 학문을 기꺼이 바칠 것이라고 증언했다. 그것은 당대의 놀라운 영적 프로젝트를 위해 사람들을 동원하는 위대한 설교능력, 혹은 위대한 지도능력이 기름부음 앞에서 무색하고 하찮게 보였을 때 나타난 공통된 반응이었다.

지식의 원천으로부터 나오는 설교와 하나님의 보좌로부터 흘러나오는 생수의 샘에서 나오는 설교 사이에는 엄청난 차이가 있다. 그것이 바로 그 두 차례의 부흥을 통해 배울 수 있는 중심 교훈들 중 하나였다. 하나님께서 움직이시려고 결정하실 때는 아주 지혜로운 자들이나 충분한 교육을 받은 자들이 아니라 모험을 감수하고 그분을 따를 만큼 충분히 굴복되고 겸손한 자들을 찾으신다.

부흥이 웨일즈내 거의 모든 도시와 마을로 확산되었지만 에반 로버츠의 사역은 대부분 웨일즈 12개 주(州) 가운데 하나에만 제한되었다. 하나님의 불은 그가 방문하지 않은 수많은 도시와 마을에서 불타올랐다. 그가 방문한 많은 지역에서도 이미 불은 타오르고 있었다. 그는 불을 조금 더 타오르게 한 다음 다시 자신의 근거지로 돌아가곤 했다. 로버츠는 처음부터 그 자신이 진행되고 있는 부흥의 원천이 아님을 알았다. 그는 오직 자신이 해야 할 역할을 훌륭하게 수행할 수 있도록 계속해서 성령님께 굴복하려고 애쓸 뿐이었다.

주님께서 사람을 자신의 거처로 선택하셨다는 것은 온 피조세계의 커다란 경이로움 가운데 하나임에 틀림없다. 그러나 하나님은 또한 그분의 일을 하도록 사람을 선택하셨으며 그의 성령의 새로운 운동을 점화하는 일에는 단 한 사람만을 종종 사용하기도 하신다. 성경에서 베드로와 바울 및 세례요한 등이 바로 그런 사람들이다. 역사적인 실례로는 후스(Huss)와 루터(Luther), 녹스(Knox), 진젠도르프(Zinzendorf), 웨슬리(Wesley), 에드워즈(Edwards), 피니(Finney), 그리고 세이무어 등이 있으며, 그들은 모두 위대한 영적 진보에 불을 붙이는 데 사용되었다. 그렇지만 주님께서 부흥의 불을 점화하는 일에, 혹은 영적 진보를 이끄는 일에 한 개인을 종종 사용하시는 경우가 분명 있긴 하지만 그 불을 계속적으로 타오르게 하고 이미 이루어진 영적 진보에 적절한 기초를 세우는 일을 위해서는 항상 다른 사람들이 준비되어 있었다.

역사 속에서 하나님께 쓰임받는 것과 하나님을 이용하려고 하는 것 사이의 미묘한 차이를 발견할 수 있었던 사람은 거의 없었다. 한 기독교 교사가 언젠가 신성모독(profanity)을 "하나님의 영광을 희생하여 자기 자신의 영광을 구하는 것"이라고 정의한 적이 있다. 에반 로버츠를 몰아간 것은 바로 그런 확신이었다. 그는 오직 주님만이 영광을 받으시도록 하는 데 온 마음을 기울였다. 세이무어는 극도로 겸손한 사람이었지만 하나님께서 움직이시는 것을 보기 원하는 배고픔 때문에 사람들의 손이 그 부흥을 만지지 못하게 하는 데 훨씬 더 깊은 관심을 기울였다. 부흥으로 쓰임받고자 하는 사람에게는 그 두 가지 모두가 필요하다. 그들이 그런 자세를 잃지 않고 또 다른 사역자들에게도 그런 자세를 잃지 말 것을 요구했을 때에는 부흥의 불길이 계속적으로 타올랐다. 처음부터 끝까지, 두 번의 부흥운동 모두 인간적인 카리스마나 선전능력 때문에 성공한 것이 아니었다. 인간적인 카리스마와 선전이 자리를 차지할 때, 부흥은 빠른 속도로 끝나버렸다.

불은 광고할 필요가 없다

진정한 하나님의 운동은 돈이나 조직이나 광고를 연료로 삼지 않는다. 진정한 부흥은 오직 하나님 자신의 임재인 불기둥(Pillar of Fire)이 일어나 움직일 때 시작된다. 하나님의 운동을 조직화하거나 선동하거나 선전하려고 하는 것은 불경스런 일이다. 후에 역사가들은 웨일즈 부흥의 가장 놀라운 특징이 상업주의의 부재라고 기록했다. 찬송가책도 없었고 찬양인도자도 없었으며, 위원회도, 성가대도, 위대한 설교자도, 헌금도, 그리고 조직도 없었다. 하지만 영혼들은 구원

받았고, 가정들은 치유되었으며, 모든 도시들은 전무후무한 규모로 주님께로 돌아왔다.

웨일즈 부흥의 역사가인 제임스 스튜어트(James Stewart)는 1904년과 1905년에 웨일즈에서 인쇄된 신문들과 잡지들을 조사했는데, 집회를 선전하는 광고를 단 하나도 발견하지 못했다. 에반 로버츠를 위해 조직되거나 계획된 유일한 복음전도 캠페인은 1905년 리버풀에서 있었던 단 하나의 집회였다. 하지만 심지어 그 집회에서도 복음전도자가 도착하기 전에 주님께서 모든 계획을 부서뜨리시고 일정을 완전히 바꾸어 버리셨다.

계획이 깨져버리는 것이 웨일즈 부흥의 현저한 특징이었던 것으로 보인다. 라우거(Loughor)의 고향교회에서 부흥이 터져나오기 단 몇 주 전에, 에반은 그의 동생 댄(Dan)과 시드니 에반스(Sydney Evans)라는 이름의 한 친구와 더불어 웨일즈 전체에 걸치는 캠페인을 계획했었다. 하지만 그는 곧바로 성령께서 다른 계획을 가지고 계시며 그분의 계획이 훨씬 더 좋다는 것을 발견했다. 이내 에반은 부흥의 한가운데서 인간적인 계획수립과 조직화에 대한 건전한 두려움을 갖게 되었다.

이것은 리더십과 조직이 때로는 교회에 필요 없다는 것을 말하려는 것이 아니다. 하지만 성령께서 새롭고 신선한 일을 행하고 계실 때, 가장 큰 은사는 인도하는 법을 아는 것이 아니라 따르는 법을 아는 것이다. 웨일즈 부흥의 시기에 조직화의 시도들은 모두 수포로 돌아갔으며 때로는 진정한 부흥에 방해가 되기도 했다.

성령께서는 창조적으로 운행하기를 원하실 때에도 항상 "모양이 없고 결핍된" 자들을 찾아내셔야 하는 것처럼 보인다. 자신에게 해답이 없는 것을 아는 데서 오는 겸손은 사람 안에 하나님에 대한 거룩한 절망감을 자극하는데, 그런 겸손을 가진 자들만이 주님께서 새 일을 하고자 하실 때 그분에게 민감하게 반응할 수 있는 사람인 것처럼 보인다. 주님은 니고데모에게 다음과 같이 설명하셨다: "바람이 임의로 불매 네가 그 소리를 들어도 어디서 오며 어디로 가는지 알지 못하나니 성령으로 난 사람은 다 이러하니라."(요한복음 3:8) 웨일즈 부흥의 일꾼들은 주님의 그 말씀이 문자 그대로 사실임을 깨닫게 되었다.

마침내 그들은 성령이 다음에는 어디로 가실 지 알아내려고 하지 않고 오직 "그 소리를 들을"(요한복음 3:8을 보라) 수 있을 만큼 아주 가까이 머물기 위해서만 노력했다. 일꾼들은 성령께서 자동적으로 그들과 동행하시며 그들 자신의 계획을 축복하실 것이라는 주제넘은 생각을 싫어하게 되었다. 그들은 성령께서 그들을 따르는 것이 아니라 그들이 성령을 따라야 한다는 것을 알았다.

성령을 따른다는 착각

이런 형태의 사역 스타일을 흉내내려고 해왔던 많은 이들이 영적인 미혹에 빠지거나 믿음의 파선을 겪는 일까지 있었다는 것은 주목할 만한 일이다. 심지어 초대교회의 사도들까지도 종종 선교여행을 계획하고서 몇 달 전에 미리 곧 방문하게 될 것이라고 알려주곤 했었다. 하지만 그들은 항상 주님께서 그들의 계획을 바꾸실 가능성에 대해 열려 있었다. 그럼에도 불구하고 사도들은, 바울이 고린도교회를 재방문하려고 시도했던 것에서 볼 수 있듯이, 어떤 도시를 방문하려고 했던 의도를 항상 지킬 수는 없었다.

중요한 것은, 우리의 생각이 새로워져야 성령과 충돌하지 않는다는 것이다. 주님께서는 사도들의 손을 잡고 인도해 가신 것이 아니라 그들을 보내셨다. 그들은 주님의 생각을 가지고 있었기 때문에 스스로 많은 결정을 내렸다. 하지만 그들은 늘 성장과 성숙의 과정에 있었기 때문에 항상 올바른 결정을 내리지는 못했다. 때때로 주님께서 꿈이나 환상이나 선지자를 통해 신적인 지시를 개입시키심으로 그들의 경로를 바로잡으시곤 했다. 우리는 우리에게 주어진 영적인 지혜를 가지고 일해야 하지만 언제나 주님께서 개입하셔서 우리의 계획을 바꾸실 가능성에 열려 있어야 한다.

웨일즈 부흥과 아주사와 같은 성령의 강력한 쏟아부어짐의 시기에, 주님은 오직 그분이 전혀 새로운 일을 행하실 수 있도록 그분께 완전히 자신을 굴복시키고자 하는 자들만 사용하실 수 있다. 사도 바울이 방문한 모든 도시에서, 성령께서는 이전의 도시들과는 전혀 다르게 움직이셨던 것처럼 보인다. 바울은 비전과 전략과 결단을 가지고 움직였지만 성령님에 대한 섬세한 민감성과 다른 계획에 기꺼이 굴복하려는 마음이 있었다.

윌리엄 부스(William Booth)의 구세군(Salvation Army)처럼, 교

회 역사상 많은 위대한 선교적 벤처사업들은 수 년에 걸쳐 계획되었고 일반적으로는 그 계획들에 따랐다. 그런 선교적 벤처사업에 종사했던 사람들은 아마도 웨일즈 부흥과 아주사 부흥에 조직이 없다는 것을 조롱하곤 했을 것이다. 그와 마찬가지로, 그 부흥운동에 참여한 자들은 그런 선교협회들처럼 외견상 조직에 지나치게 의존하는 것을 거의 확실히 거부하곤 했다. 그렇지만 둘 다 주님께서 자기 백성을 인도하시기 위해 사용하시는 정당한 방법들이다.

부스 장군의 위대함을 입증하는 증거는, 그가 웨일즈 부흥을 방문하여 그것이 구세군을 운영하는 자신의 방식과는 거의 정반대로 움직이고 있는 것을 보았음에도 불구하고 여전히 그것이 하나님의 역사라는 것과 따라서 함부로 간섭해서는 안된다는 것을 인정할 수 있었다는 것이다. 그 후에 그는 돌아가서 과거와 동일한 방식으로 계속 구세군을 운영했지만 하나님께서 다른 장소나 목적을 위해서는 다른 전략을 사용하신다는 것을 인정했다.

다시 말하건대, 우리는 하나님께서 두 번도 똑같이 역사하시는 경우가 거의 없다는 것을 인정해야 한다. 창조적이고 다양한 것은 그분의 본성이다. 우리는 주님께서 웨일즈와 아주사에서 움직이신 방법으로부터 많은 것을 배울 수 있으며 주님께서 구세군의 초기에 그 단체를 통해 움직이셨던 방식에도 우리 모두에게 필요한 교훈들이 있다. 웨일즈 부흥이 실제로 소멸되게 된 이유는, 주님의 리더십을 믿는 믿음이 조직과 인간의 개입에 대한 건강하지 못한 두려움으로 변질되어 갔기 때문이었다. 그와 마찬가지로, 훌륭한 조직위에 세워지는 많은 사역단체들이 너무나 경직되고 융통성없는 상태가 되어 결국 새로운 포도주를 담을 수 없게 되는 경우도 종종 있다. 건전한 성경적 리더십과 조직을 거부하는 자들은 대개 영적으로 너무 얇아져서 포도주를 전혀 담을 수 없게 되며 결국 엎질러져버린다.

가죽부대만이 아니라 포도주를 구하라

구세군이 지녔던 처음의 영광을 모방하려고 했던 자들은 대부분 실패했다. 웨일즈 부흥과 아주사 부흥을 흉내내려고 했던 자들은 종종 처음의 부흥운동가들을 가련하게 모방하는 정도로 끝나고 말았다. 교회 역사상 부흥의 새로운 포도주가 주어지기 전에 교회 조직이라는 가죽부대가 세워진 실례는 단 한 번도 없었던 것처럼 보인다. 그렇다고 결코 그렇게 될 수 없다는 뜻이 아니라 아직까지 그렇게 된 적이 없었기 때문에 그렇게 될 가능성이 거의 희박하다는 뜻이다. 가죽부대를 먼저 만들려고 노력한 자들은 대체로 새 포도주가 주어질 때는 이미 시대에 뒤떨어져 새 포도주를 받아들일 수 없게 되었다. 주님은 결코 미리 정해진 공식으로 역사하시기로 자신을 제한하지 않으셨다. 성령께 강하게 쓰임받은 사람들에게 공통적인 한 가지 특징이 있는데, 그것은 그들이 성령이 움직이시는 소리를 들을 수 있었다는 것과 그 시대와 그 장소에 맞게 그분이 원하시는 대로 기꺼이 움직였다는 것이다.

이 책은 모든 시대 중에서 가장 주목할 만한 두 번의 하나님의 운동에 대한 연구서지만 다른 책들도 많이 있다. 그리고 대부분의 책들이 아주 다르면서도 우리에게 주님의 도에 관해 많은 것들을 가르쳐 준다. 어떤 면에서, 이 시대에 일어날 하나님의 마지막 운동은 가장 거대한 운동인 동시에 그 모든 운동의 총합이 될 것이다. 내가 역사 속에서 만나게 된 모든 진정한 하나님의 운동을 적어도 어느 정도씩은 연구하려고 노력했지만, 나의 가장 큰 관심은 아직 오지 않은 하나님의 운동에 있다. 아마도 당신은 그 운동에서 주요 등장인물 가운데 한 사람이 될 것이다. 그렇지만 영원한 무대 속에서 활동하는 많은 주요 등장인물들은 이 덧없는 시대의 역사책을 만들지 않는다. 그들은 하나님의 역사책인 생명책에서 두드러진 인물들이다. 그것이 바로 주 예수께서 제자들에게 귀신들이 그들에게 복종하는 것으로 기뻐하지 말고 생명책에 포함된 것으로 기뻐하라고 말씀하신 이유이다(누가복음 10:20을 보라). 우리 모두는 바로 그 역사책에 포함되기 위해 살아야 하며, 그것이야말로 정말로 볼 줄 아는 눈을 가진 자들이 기뻐해야 할 진정한 기쁨의 원천이다.

www.purenard.co.kr

www.purenard.co.kr